今も昔も　いたるところ

# いい人の国日本

臺　一　郎

contents

# prologue

本書を書こうとした動機は、２０１１年3月11日14時46分にはじまった東日本大震災を体験したからである。この大震災は日本人に、実にさまざまなことを気づかせ、学ばせ、認識させ、そして記憶させた。

とりわけ多くの日本人にとって忘れられない光景となったのは、巨大津波の実際の様相であり、そのすさまじいばかりの破壊力であったろう。

沖合からやってきた大型の津波が湾や港の奥深くに入り込み、やがて堤防や防潮堤を越えて一気に陸域に流れ込む様子は、想像とは随分違っていたし、上陸後にすごい勢いで内陸へと遡上していく津波の濁流が、いかにも重そうな住宅をいとも簡単に破壊し、押し流していく光景や、乗用車だけでなく何トンもありそうな中型・大型のトラックまでもが、まるで流れに浮かぶ木の葉のように、軽々と流されていく光景には圧倒された。

また、この大地震と巨大津波の直撃で、福島第一原子力発電所の安全システムがあっけないほど簡単に破綻し、原子炉が暴走してメルトダウンがはじまったことで、国民の間には原発事故への底知れぬ恐怖と、原発の安全性に対する強烈な不信感が広がった。

そうしたなかで、被災地となった東北地方太平洋沿岸地域の人々の沈着で、冷静で、忍耐強く、思いやりに富んだ行動や、海外ではしばしば起こる略奪や暴動などの破壊行為がまったく起きなかったという事実、そして数百万人規模の帰宅難民が発生した首都圏でも大した混乱もなく、皆が冷静に行動したことなどが、私を含む多くの日本人を感動させた。

これらを思い返すと、「日本はなんて〝いい人の多い国〟なんだ」「国民の民度やモラルがなんと高い国なんだ」との思いが深まるのである。

こうした日本人の民度やモラルの高さ、あるいは国中いたるところ「いい人」という社会状況は、大震災という非常時だからたまたまあらわれたわけではない。普段からそうなのだ。それはたとえば、アジア各国や欧米などから日本を訪れる外国人観光客のブログに日本人の礼儀正しさ、モラルの高さ、清潔好き、時間の正確さ、親切などに感動したとか、驚いたという記述がとても多いことなどにもあらわれている。

世界が感心する日本人のこうした国民性は、一体いつ頃から形成されたのだろう。「衣食足りて礼節を知る」という言葉がある。であれば、20世紀後半の高度経済成長期を経て、日本人の所得や資産が増え、社会が豊かになってからのことなのだろうか。

たしかにそれもありそうだ。昭和50年代頃まで、駅のホームや線路にはタバコの吸い殻がたくさん落ちていたし、公園のトイレなどはお世辞にも清潔とはいえなかった。自動車の運転者も道路が渋滞したり、割り込まれるとよくクラクションを鳴らしていた。

しかし、世界中から「日本人はエコノミック・アニマル」といわれ、国民が猛烈に働いた高度経済成長期においても、礼儀正しさとか、正直さとか、凶悪な犯罪者の少なさとか、時間の正確さなどは、国民性として国際的にもすでに定評があったから、昔から民度やモラルが比較的高い民族であったのは間違いなさそうだ。

たとえば、今から約150年前の幕末期。わが国を訪れた欧米人たちは、社会の最下層に属する人々でさえもが、信じられないほどに礼儀正しく、愛想が良く、正直で、清潔好きで、おまけに少なからぬ者が読み書きのできることに驚愕し、感嘆した。

こうしてみると、日本人の民度やモラルの高さは、はるか昔から、日本人が民族のDNAとして持ち続け、受け継いできたものなのかもしれない。

ところで、私がこの本で使っている「いい人」という言葉は、われわれが日常生活で「彼はいい人だね」などというときの「いい人」よりは広い意味を持たせている。それは民度の高い人とか、モラルの高い人というニュアンスに近く、礼儀正しいとか、時間に正確とか、街や道を汚さないとか、責任感があるといった気質や性分の人も含んでいる。

なお、当然のことだが、日本にも嫌な人やモラルの低い人はいる。冷酷な人、残酷な人、傲慢な人、不遜な人、無礼な人、自己中心的な人、非常識な人、ワガママな人、意地悪な人、卑怯な人、嘘をつく人、正義感の希薄な人、無責任な人、公共道徳に欠ける人などなどだ。

とくにここ数年、非常識な人、自己中心的な人、思いやりのない人などが増えている感じがして残念である。電車のシルバーシートにふんぞり返って座り、目の前にお年寄りや妊産婦が来ても平然と無視している若者をたびたび見かけるし、高齢者や子ども連れも歩いている歩道を、後ろから自転車で猛烈なスピードですり抜けていく危険な運転者もよく見かける。また、幼い我が子を死に至るほどに虐待する若い親も印象としては増えている感じがして、本当に心が痛む。

それでもわが国は、諸外国と比較すると相対的にはいい人が多いと思う。現に犯罪統計などを見ても、欧米各国と比べて人口当たりの犯罪の発生件数や発生率はグッと少ないし、道路や公園にゴミや吸殻を捨てる人間も少ない。夜の歓楽街も身の危険を感じるような場所はほとんどない。

さて、わが国ならではのこうした「いい人の国」という社会状況は、今後とも変わることなく続いていくのだろうか。

21世紀の日本社会はこれまで以上に人口、年齢構成、地域分布などが激しく変化する。すでに人類未経験の超高齢社会へと移行しつつあるし、長期にわたる少子化で、子どもの数は年々減り、必然的に育児経験のない大人も増えている。地方では人口減少で、いずれ消滅の可能性のある自治体も少なくない。少子化と高齢化の同時進行で、労働力人口の大幅な不足が慢性化し、マクロ経済や所得水準へのネガティブな影響も懸念される。

これらは日本人の国民性や「いい人の国」という社会環境にも当然何らかの影響を与えるだろう。とりわけ、今後の労働力不足や長期にわたる人口の減少を解消し解決するための切り札として、政府や経済界が本格的な検討をはじめた海外からの移民の継続的な受け入れは大きな影響を与えるに違いない。

これまでアフリカや中東地域から大量の移民を受け入れてきた西欧各国の最近の状況を見ると、テロや犯罪の増加による治安の悪化、若者の失業率の大幅な上昇、そして極端な民族主義の台頭など、負の影響が少なくないようだ。ましてわが国はほぼ1500年近くにわたって、海外から大量の移民を受け入れた経験がない。心しなければならない。

一方、21世紀中の世界の見通しはといえば、世紀後半には世界人口が地球の扶養限界を超えてしまう、との予測もある。そうなれば、世界各地で飢餓が発生するとか、水源や国際河川の水利権を巡って国家間、地域間、民族間の紛争が多発する可能性もありそうだ。

さらに、世界の気象学者の間では、今世紀の前半にも農業生産や生態系に深刻な影響をおよぼす異常気象の発生も懸念されている。

こうした地球環境下では、20世紀的な物質文明の単純な追及や拡大はもはや困難となり、物質文明の覇者としての経済大国は、人類にとってむしろ厄介な存在になるのかもしれない。

だから21世紀のわが国は、海外からの移民などに頼り過ぎることなく、国中いたるところ「いい人」という社会環境を大切にしながら、たとえ人口が1億人を切っても、経済大国としての地位が低下しても、新たな概念で定義される21世紀の先進国となるような国を目指すべきなのではないだろうか。

本書は、わが国が平時も非常時も、また過去も現在も「いい人の国」であったことを、各種のエピソードや証言、そして私自身の個人的な体験や知見などから明らかにするとともに、そうした社会環境を国家の強みや優位性として活かした今後の国づくりについて、基本的な方向性や産業振興のあり方について、私見をまとめたものである。

第Ⅰ章

# 大震災が気づかせた「いい人の国」日本

それは２０１１年3月11日14時46分、宮城県牡鹿半島の東南東１３０キロ、仙台市の東方70キロの太平洋の海底下で起きた大地震によりはじまった。東日本大震災の発生である。

東北地方や関東地方の沿岸部は最高波高10メートル以上という巨大津波に襲われ、壊滅的な被害を受けた。さらに、高さ14メートルの津波に襲われた東京電力福島第一原子力発電所は非常用電源を含む全電源を喪失し、チェルノブイリ以来の恐怖の原発事故となった。首都圏でもＪＲ、私鉄各線、地下鉄が運転を中止し、数百万人規模の帰宅難民が発生した。

ところでこの震災は、われわれ日本人に実にさまざまなことを気づかせ、学ばせ、認識させ、そして記憶させた。

予想外だったのは、被災地や首都圏で人々が当たり前のようにやったことや、やらなかったことが、世界のマスコミから注目され、感嘆や称賛の的となったことだ。

この章では、震災を通じてわれわれ日本人があらためて気づいた「わが国はなんていい人の多い国なのだ」という状況をいくつかの切り口と具体例から考察した。

# 1 世界が驚嘆した日本人の民度やモラル

## 略奪も暴動もなく、いつでもすぐに整列

2011年3月11日、日本の東北地方を襲ったマグニチュード9という大地震や、それにともなう巨大津波による甚大な被害を知った各国報道メディアは、さっそく取材チームや記者を日本へと送り込んだ。彼らは津波が残した想像を絶する破壊の爪痕や、福島の原発事故が引き起こす底知れぬ恐怖を記事や取材映像として世界中に発信したが、それと同時に被災地東北の住民たちが見せた驚くほどの忍耐力、冷静さ、正直さ、秩序、気配りなどについても感嘆し、報道した。各国のジャーナリストが一様に驚き感心したのは、これだけ甚大で悲惨な災害に見舞われながらも、被災地において略奪行為や暴動などがほとんど起きていないということだった。

一方、震災や津波による被害の深刻さを知った各国政府からは、それこそ競い合うように救援隊や救助隊派遣の申し出が相次いだ。なかでも最短時間で最大規模の救助・救援体制を立ち上げたのは米国であった。震災翌日の12日にはオバマ大統領が「トモダチ作戦」を決断し、ただちに太平洋艦隊所属の艦

艇20隻余りを東北地方沖合の太平洋上に救助、救援のために急行させた。そして3月15日には、早くも空母や揚陸艦搭載のヘリコプターによる緊急物資輸送が開始された。

東北地方沿岸部の孤立した避難所にヘリでいち早く水や食料などを届けた米軍兵士らは、ヘリで避難所近くのグランドや広場に着陸して、近づいてきた避難民たちに水や食料の入った段ボール箱を渡そうとしたところ、彼らがただちに一列に並び、渡された援助物資を後方へとバケツリレー方式で送り、避難所となった公民館などの建物に運び込むのを見て、とても驚き感心したという。

東日本大震災からさかのぼること6年前の2005年、ハリケーン「カトリーヌ」に襲われた米国ルイジアナ州でも、米軍はヘリで各地区の被災者に水や食料を届けた。ヘリの着陸を知った住民たちは、われ先にと水や食料をもぎ取るように受け取ると、ただちに家族の元へと持ち去った。それゆえ米軍兵士は、東北地方の避難民も当然そうすると思っていたのだが、彼らはそうしなかった。列をつくって手渡しの順送りで救助物資を一旦避難所の建物内に運び込み、その後に避難民全員に公平に分配しようとしているのを知り、驚き感心したのである。

それはまさに足るを知り、エゴを抑えて、早い者勝ちや強い者勝ちの競争によってではなく、公平な分配と「困ったときはおたがいさま」という助け合いの精神によって、集団の構成員全員に、それが十分な量であろうとなかろうと、等しく物資をいきわたらせようとする精神と行動であった。

## 避難所でもゴミをリサイクル種別に分別

ワシントンポストのチコ・ハーラン記者は、２０１１年3月16日の紙面で、被災地東北における日本人の礼儀正しさや冷静で秩序ある行動を次のように紹介した。

「こんな状態にありながらも、日本は、第二次世界大戦以来最大の危機を、秩序をもって混乱と戦うという冷静さで対応している。津波によって壊滅した大槌町では、家の上にフェリーボートが打ち上がっているほどだったが、この国の避難所ではどこに行っても、人々は靴をきちんと入口で脱ぎ、ゴミをリサイクルの種別に分別していた。目に見える形での略奪の形跡もなければ、犯罪率が上昇しているということもない。日本人たちは、長い行列で待つ間も冷静さを見せている。目の前にあるのは、衰えることのない日本の礼儀正しさ、そして皆で共通の気持ちを分かつことを重んじる心だった。あるＴｗｉｔｔｅｒユーザーは、取り残された人々や家をなくした人々がおにぎりを分け合っているという話を発信していた。また北へ向かった人は、車で10時間かかるその行程中一度もクラクションを聞かなかったと書いた。沿岸部が壊滅したある県のコンビニエンス・ストアでは、店のマネージャーが自家発電装置を使っていたが、それが停止し、レジがもう使えなくなったとき、行列で待っていた人々は全員が持っていた商品を棚に戻したのである」と。

米国タイム誌の3月20日号では、同誌のハナ・ビーチ記者が「震災後、いかにして日本は回復するか」と題した記事を書いた。そのなかで「秩序感覚は政府のマニュアルにかぎったことではない。大震災の惨禍が起きた後、略奪も暴動もまったくなかった。凍りつくような天候のなかで、食料、水、燃料を望む人が長蛇の列をなしたが、もらえないこともあったという。それでも怒りは炎上しなかった。生活必需品を配給することにおいても、ほとんど不平は出なかった。皆が平等に苦痛を共有しなければならないという前提に立っているからだ」と被災地における日本人の静かな忍耐力を紹介している。

ロシアのタス通信も、過酷な大災害のなかで日本人が相互に助け合う姿を「日本にはもっとも困難な試練に立ち向かうことを可能にする《人間の連帯》が今も存在する」とのゴロブニン東京支局長の記事を掲載した。ゴロブニン氏は今回の震災を「第二次大戦後の困難にも匹敵する大災害」と位置付けた上で、「重要なのは、ほかの国ならこうした状況下で簡単に起こりうる混乱や暴力や略奪などの報道がいまだに一件もないことだ」と指摘し、震災当日に公共交通機関が止まった東京でも「人々はたがいに助け合い、レストランや商店はペットボトル入りの飲料水を無料で提供し、トイレを開放した」と驚きをもって伝えた。

なお、被災地の東北地方において略奪的な行為や窃盗などがまったくなかったかといえば、それはかならずしも事実ではないようだ。災害派遣で現地に入った自衛隊員は、無人の避難者宅への不法侵入や、スーパーからの商品の窃盗、銀行のＡＴＭや金庫の破壊および盗難、車両の給油口をバールで開けるガソリン泥棒などの形跡などを発見したという。ただ、海外における類似の災害時と比べて、件数が断然少なかったということなのだろう。

## 阪神淡路大震災でも人々は冷静だった

東日本大震災では、震災などの大規模災害時における日本人の冷静で理性的で我慢強い行動、あるいは温かな気配りや気遣いが世界を感心させたが、それより16年前、１９９５年1月17日に発生した阪神・淡路大震災においても同じような状況があった。

阪神・淡路大震災は、淡路島北部の沖合13キロメートルを震源としたマグニチュード７・３の兵庫県南部地震による災害の名称だ。被害は死者が６４３４名、負傷者が4万３７９２名、住宅の損壊が全壊10万５０００戸、半壊14万４２７４戸、火災の全焼が７０３６戸であった。東日本大震災のような津波は発生しなかったが、地震が直下型で揺れが激しかったこと、地震発生が早朝だったことなどから、倒壊した住宅や倒れてきた家具による多くの圧死者を出した。

当時、ニューヨークタイムズ東京支局長であったニコラス・クリフト氏は、震災後の日本人の行動や精神について次のような記事を書いた（途中一部を省略して抜粋）。

「日本政府の対応は間違っていた。……しかし日本の人々の忍耐力、冷静さと秩序は、実に気高いものだった。日本には『我慢』というよく使われる言葉がある。英語にぴったりの言葉はないが『toughing it out（耐え抜く）』と似た意味だ。神戸の人々がまさにその『我慢』を実行したのだ。彼らが勇気と協調性と共通目標を持って我慢したことに、私は畏敬の念さえ抱いた。

日本に住んでいた数年間、私はしばしば日本の秩序や礼儀正しさに感動したが、神戸の震災のときほど強く感動したことはなかった。神戸の港はほぼ壊滅し、街中の商店のガラスが割れていた。私は略奪や救援物資の争奪をスクープしようと街中を探し回った。ようやく二人組の男に強盗に入られたという店主に巡り合えた。私は少し大袈裟にこう尋ねた。『同じ日本人が自然災害を利用して犯罪に走ることに、驚きはありますか』と。店主は驚いた顔でこう答えた。『誰が日本人だといいましたか。彼らは外国人でしたよ』と。

日本にも貧しい人はいる。しかし他の国々と比べると極端に貧しい人はほとんどおらず、彼らは共通の高い目的意識を持っている。中流階級の層が非常に厚く、実業界の巨頭であっても儲け過ぎは決まりが悪いと考える傾向がある。そのような共通の目的意識は日本の社会構造の一部であり、特に自然災害や危機の後で顕著に表れてくる。ほめ過ぎてはいけないが、震災直後に、ヤクザまでもが被災者のために食料などを無償提供するカウンターを設けたことは衝撃的だった。日本の社会構造は地震で決して引き裂かれることはなかったのだ。それどころかかすり傷ひとつ負わなかった。

日本人のこの種の忍耐強さは、言葉のなかにも組み込まれている。人々はいつもこういう。『仕方がない』と。つまり『it can't be helped』ということだ。そして他人にかける言葉としてもっとも多いのが『頑張ってください』。これは『tough it out（がんばり抜いて）、be strong（強くあれ）』ということだ。自然災害も『運命』として受け入れられているのだ」と。

この記事を読むと、世界中の人々を驚嘆させ、あるいは感心させた日本人の災害に対する意識や行動の特徴は、なにもこの東日本大震災だけにかぎったものではなく、はるか昔から培われてきたものかもしれないと思えてくる。

# 2 自衛隊や天皇陛下が存在するありがたさ

## 被災者が最優先、自分たちのことは二の次

東日本大震災は、自然災害として戦後初めて死者が1万人を超えるなど甚大な被害をもたらした。この震災に対して、陸海空の自衛隊は史上最多の10万人体制で災害派遣活動を展開した。活動実績は人命救助が1万9286人、遺体の収容が9505体、物資輸送が1万3906トン、給食支援が500万5484食、給水が3万2985トン、燃料支援が1400キロリットル、入浴支援が109万2526人にのぼった。

地震発生が3月11日。場所は東北地方。まだ時折雪が舞い、東京などとは比べ物にならないほど気温も低い。高速道路や新幹線ルートから遠く外れた太平洋沿岸部の被災者たちは、災害派遣の自衛隊が来て、やっとのことで医療サービスや温かい食事や入浴サービスを受けられるようになった。

こうして被災者たちが温かい食事をとれるようになっても、駐屯地や基地から駆けつけた自衛隊員は、3食とも冷たい缶詰食をトラックのなかや救護テントの陰でとった。道路損壊がひどく、車両が簡単に

は入れない被災地では、徒歩で現地入りした自衛隊員が自分の携行食料を被災者たちに与え、救援の食糧が届くまでの2～3日間は水だけ飲んで活動にあたったという。また、大型テントに設営する風呂で入浴サービスを提供するようになっても、自衛隊員は入浴しなかった。あくまで被災者のための風呂であったからだ。

そこには一刻も早く、一人でも多くの被災者を救助し、「被災者こそが最優先、自分たちのことは二の次」という自衛隊の災害派遣に対する基本的な姿勢があった。

10万人態勢で出動した自衛隊員のなかには、出身が宮城県、岩手県、福島県、青森県などの東北地方の太平洋沿岸部とか、駐屯地が東北の被災地という隊員も少なからずいた。彼らは自分の家族や親族の安否よりも、被災者の安全確保や捜索などの職務を優先した。

たとえば、陸上自衛隊の第22普通科連隊９００人がいる多賀城駐屯地。仙台港から比較的近いために1メートルの津波に襲われた。出動準備のために整列駐車していた車両の多くが水に浸かったし、家族が暮らす官舎も津波の被害にあったという。にもかかわらず、早くも17時30分には、隊員たちは救助用のゴムボートを押して市内へと出動したのだ。

津波に襲われてまちが破壊された宮城県多賀城市七ヶ浜町などでは、隊員が連日水たまりのなかの遺体を探しまわり、それを見守っていた行方不明者の家族が涙ながらに「よろしくお願いします」と手を合わせ、頭を下げ、隊員は一分でも一秒でも早く遺体を見つけ出したいと奮起し、同じ場所を二度三度と必死に捜索したという。

作業は1カ月以上におよんだ。遺体の捜索や瓦礫の撤去などの作業に従事する隊員たちを苦しめたのは生ごみや冷凍魚貝類などが腐って放つ悪臭、さらには瓦礫の下で腐乱が進んだご遺体の異臭だったという。その強烈さは専用マスクでも遮断できないほどだったそうだ。

震災から10カ月後の12年1月、内閣府は自衛隊並びに防衛問題に対する定期世論調査を実施した。3月に発表された結果を見ると、回答者の97・7パーセントが自衛隊の災害活動を評価すると答えた。これは日本国民のほぼ全員が自衛隊による今回の災害活動を称えたことを意味している。当然だろう。

## 日本の最後の砦はやはり自衛隊

米紙ニューヨークタイムズ電子版は、２０１１年3月15日付で「津波で事故を起こした福島第一原子力発電所には顔の見えない無名の作業員が50人残っている」とする記事を東京発で掲載した。米ＡＢＣテレビも「福島の英雄50人――自発的に多大な危険を冒して残った原発作業員」と報じた。以来、津波の直撃で全電源喪失という深刻な事態に陥った東京電力福島第一原子力発電所で、被曝のリスクを顧みず所内に残った東京電力の職員を中心とした50人（正確には70人）は「フクシマ50」として世界の耳目を集めた。

この70人は、もし原子炉の格納容器などが燃料棒のメルトダウンによって爆発するなどの事態になれば、猛烈な放射線に被曝する可能性があった。にもかかわらず、最後まで避難しなかったということで世界がその勇気や責任感の強さを賞賛したのだ。

一方、フクシマ50とは別に、陸上自衛隊もまた中央即応集団のうち、中央即応連隊の２００人、第一ヘリコプター団の一部、中央特殊武器防護隊の一部が不測の事態に備えて待機していたという。そのことについては、麻生幾氏の著書である『前へ—東日本大震災と戦った無名戦士たちの記録』の中でも状況が紹介されている。

ちなみに中央即応集団（Central Readiness Force:CRF）は、陸上自衛隊における防衛大臣直轄の機動運用部隊で、新防衛大綱にもとづき２００７年3月に設立された。現在は神奈川県相模原市に司令部があり、人員は総勢約４５００名である。

麻生幾氏の著書によれば、東日本大震災において中央即応集団はもっぱら福島第一原子力発電所事故に対応したという。集団のうち中央即応連隊は、福島第一発電所の南約50キロメートルに位置するいわき市内で待機し、そのミッションはモニタリングポストの管理、避難区域住民が避難する際の除染作業、そして不測事態への対処とされたが、本当の目的は3番目の不測事態への対処だったという。

不測の事態への対処とは、第一原発のいずれかの原子炉が爆発した場合を想定していたようだ。私の想像だが、原子炉内の冷却水が沸騰して水位が下がり、そのために空気中に露出した大量の核燃料棒のメルトダウンなどで原子炉が爆発する等の事態であろう。そうした事態でも残留している東電や関連会社の社員を救出するという任務が、この部隊には与えられていたのだ。中央即応集団の幹部は、どれほど高濃度の放射線が飛びかっていても、発電所に突っ込んで救出する覚悟をしていたという。

自衛隊の最高幹部はさらに過酷なミッションも覚悟していたようだ。それはコンクリートポンプ車に乗って爆発した原子炉建屋まで行き、建屋ごと特殊なコンクリートで埋めつくすという石棺化作戦だ。これは暴走する原子炉の放射線を封じ込めるための最後の手段である。この石棺化構想は、民主党の政権トップが当時の原子力委員会委員長をリーダーとする数名の学者に依頼して作成させた「福島第1原子力発電所の不測事態シナリオの素描」のなかで、フェーズ4という非常局面で行う最後の処置として位置付けられたものである。

なお、ジャーナリストの船橋洋一氏の著書「カウントダウン・メルトダウン」や当時の陸上幕僚長火箱芳文氏の著書「即動必遂」などによると、中央即応集団は上記シナリオにもとづき、特殊車両の準備やフェーズ4の石棺作戦に備えたコンクリート圧送機の用意などをして、隊員も訓練に入っていたようだ。

あえていいたい。国家の存在や国民の命を脅かすのは、何も外国の軍隊による侵略や攻撃だけではない。もし原発が重大な事故を起こして、原子炉の暴走のような最悪の事態に陥った場合、最後の最後の決め手となるのは石棺化作業のような決死の覚悟を持った人間による対処しかない。それは原発賛成とか反対とか、イデオロギーにかかわるものではない。誰かが命を懸けてやらなければ多くの国民が死の危険にさらされるというまさにぎりぎりの局面で、死をも覚悟の上でやろうとする人たちの、国を想う心情と重く辛い犠牲的精神、そして勇気にもとづく行動なのだ。国難に際して、こうした人たちがいることを忘れてはならない。

## 天皇皇后両陛下によるお見舞いの効果

今回の東日本大震災の発生から救助・救援、そして復旧から復興へのプロセスを振り返ってみて、あらためて強く感じるのは、わが国に天皇皇后両陛下が存在することの幸運というか、ありがたさである。

国内で大地震や風水害などにより大きな災害が起こると、天皇陛下はしばしば皇后陛下をともなわれて各地の被災地を訪問し、被災者や地元の関係者にお見舞いや労りや励ましの言葉をかけるのが通例となっている。

ご訪問の効果、すなわち両陛下による慰めや労りや励ましの効果は、総理大臣などが訪れるのとはまったく次元が違う。ちなみに、東日本大震災発生当時の総理大臣は民主党の菅直人氏である。菅総理は4月2日に陸前高田市の避難所を訪問したが、彼に対して多くの被災者が口にしたのは怒りであり、いら立ちであり、不満であった。

民主党の菅総理だったからという点はあったかもしれない。でもこれが自民党の総理であっても、訪問の効果や影響力は天皇皇后両陛下の足元にもおよばないだろう。

震災や津波災害のすさまじさ、悲惨さ、深刻さが明らかになるにつれ、天皇皇后両陛下は一刻も早く被災地を訪れ、被災者を労わりたい、励ましたいとの気持ちを強く持たれたそうだ。しかし、自分たちが行くことで行方不明者の捜索などの妨げになってはいけないとの思いから、周囲から「そろそろ」といわれるまではご訪問を控えられたという。

こうした事情から、両陛下による東北の被災地へのご訪問は、地震発生から1カ月半以上を経た4月27日が最初となった。宮城県南三陸町の町立歌津中学校で避難民を見舞われたのを皮切りに、同じ27日に宮城県仙台市の宮城野体育館、5月6日には岩手県釜石中学校および宮古市市民総合体育館、5月11日には福島市のあづま総合体育館、相馬市市立中村第二小学校で避難民を見舞われた。

両陛下は訪れたどの県のどの避難所においても、ときにひざまずき、ときに正座をして、一人ひとりに同じ目線で丁ねいに誠実に、お見舞いや励ましや労りの言葉をかけ、被災者の話に何度もうなずきながら耳を傾けた。

各地の避難所で被災者の人々に対して声をかけ、あるいは彼らの話に耳を傾ける両陛下のご様子をテレビニュースの画面で見てはっきりと感じたのは、人々に対する両陛下の並々ならぬ労りの想いであり、優しいお気持ちであり、いついかなるときも無私無欲でひたすら国民の平穏で平和な暮らしを願う心であった。

皇后陛下は訪れたある避難所で、間一髪で津波から逃れた被災者に対して「助かってくれてありがとう」という言葉を、またわが子を押し寄せる津波からぎりぎりで救った母親には「子供たちを助けてくれてありがとう」という言葉をかけられたそうである。

天皇皇后両陛下による被災地のご訪問や避難民のお見舞いについて、ある英国人はツイッターで「もし同じような災害がイギリスで起こったとして、われわれの女王とフィリップ王子が平服を着て、個々の被災者に膝をつくなどということは想像できない」と感嘆した。

## 権力は持たないが影響力はすごい

天皇陛下は福島第一原発の事故にともなう東電管内の計画停電で不自由な暮らしを余儀なくされる人々のことを想い、「国民と困難を分かち合いたい」との気持ちから、3月15日からの停電実施に合わせて、御所の明かりや暖房などの電気の使用を一切控え、ときには蝋燭や懐中電灯を使いながら過ごされたという。

天皇陛下のこうした気遣いや配慮が国民を感動させ、陛下への敬愛の念を一段と深めているのだろう。世界各国には多くの王族や皇室があり、君主がいるけれども、わが国の天皇陛下ほど国民各層から広く深く敬愛されている方はそれほどいないのではないだろうか。

かつて思想家の葦津珍彦氏は著書『日本の君主制―天皇制の研究』のなかで「列国の中で日本の天皇ほど非政治的、非権力的な君主はいないが、社会や国民に対してこれほど強い影響力を持つ君主もまたいない」といった主旨のことを述べたが、まさにその通りだと思う。

米国の文化人類学者ルース・ベネディクトは、第二次大戦の終戦時における昭和天皇の玉音放送について、著書『菊と刀』のなかで「当時日本に関する経験と知識を持つ多くの西欧人は、日本が降伏するなどということはありうべからざることと考えていた。ところが、終戦を宣言する天皇の玉音放送がなされるやいなや、国の内外においてあれほど頑強に抗戦していた日本軍がたちどころにそれを承服し武器を置いたのだ」と感嘆した。

玉音放送で太平洋戦争を終結に導いた昭和天皇は、終戦から間もなく、全国各地を回って直接自分の口で国民に慰めや励ましの声を掛けるべく全国巡幸を決意された。この巡幸は昭和21年2月から実施され、沖縄県を除く全国各地を8年半かけて回り、その総行程は3万3000キロメートル、訪問箇所数は1411カ所にもおよんだ。

玉砕覚悟で戦っていた兵隊たちに、武装解除と降伏を従容として承服させるほどの影響力を持ち、終戦までは現人神《あらひとがみ》として一般国民が直接目を合わせることさえ許されなかった天皇陛下から、直接に慰めや励ましの言葉をかけられた当時の人々の喜びや感激は想像に難くない。

今上天皇は大型台風や巨大地震などの大規模な災害が起きると、しばしば被災地を訪れ、被災者の方々に直接慰めや励ましの言葉を掛けられるが、こうしたお見舞い訪問の原点ともいえるのが、終戦後、昭和天皇により実行されたこの全国巡幸であった。

日本人にとっては、精神的にも折れそうになる、あるいは萎えそうになりがちな大規模震災などの非常時ほど、天皇陛下が存在することのありがたさは一段と高まるのだと思う。

## 3 結局日本はいたるところ「いい人の国」

### 日本もまんざら捨てたものではない

東日本大震災が発生した3月11日の夕方から夜半にかけて、首都圏では大量の帰宅難民が発生した。JR東日本は終日運休し、私鉄や都営を含む地下鉄も少なくとも8時間近く電車の運行を中止した。仕事や買い物で都心にいた多くの人たちが都心のオフィスビルや公共施設や地下道で時間をつぶし、あるいは道路を何時間も歩いて帰宅した。

こうしたなかにあっても、日本人の行動は整然としていた。

困ったときはおたがいさま、こういうときこそ譲り合い助け合おう、困っている人のためにとりあえずできることをやろう、そんなふうに考えて行動を起こした人たちが大勢いて、そうした行動に助けられて元気や勇気をもらった人たちが大勢いた。

以下に紹介するのは震災発生後、数日間にツイッターに投稿された発言の数々で、主に首都圏からの投稿だが、「日本人もまんざらじゃない」「日本社会も捨てたもんじゃない」「思わず涙ぐんだ」といった内容だ。

**――パン屋さん**

昨日の夜中、大学から徒歩で帰宅する道すがら、とっくに閉店したパン屋のおばちゃんが無料でパンの配給をしていた。こんな喧噪のなかでも自分に出来ること見つけて実践している人に感動。心温まった。東京も捨てたもんじゃないな。

**――ディズニーランドで派手目なＪＫが**

ディズニーランドではショップでお菓子なども配給された。ちょっと派手目な女子高生（ＪＫ）たちが必要以上にたくさんもらっていて「何だ？」って一瞬思ったけど、その後その子たちが、避難所の子供たちにお菓子を配っているところを見て感動。子供連れは動けない状況だったから、本当にありがたい心配りだった。

**――段ボールに感動**

駅のホームで待ちくたびれていたら、ホームレスの人達が寒いから敷けって段ボールをくれた。いつも私達は横目で流しているのに。あたたかいです。

**――声をかけること**

昨日、裏の家の高1になるお兄ちゃんに感動した。家に一人で居たらしく、地震後すぐ自転車で飛び出し近所をひと回り。『大丈夫ですかー!?』と道路に逃げてきた人達にひたすら声を掛けていた。あの時間には老人や母子しか居なかったから、声掛けてくれただけでもホッとしたよ。ありがとう。

**——バイクでよければ**

僕は感動しました。バイトの先輩が1人でも救うために寒い中を紙に「バイクでよければ送ります」と書き駅前で掲げ、鳶職のお兄ちゃんを所沢まで送ったそうです。世の中まだ捨てたもんじゃないなって思いました。本当に尊敬です!! 自分もなんか人の役に立ちたいと生まれて初めて思いました。

**——スーパーでの出来事**

スーパーで無事買物出来ました。でもお客さんのほとんどが他の人のことを考えて必要最低限しか買わない感じだったのが感動しました(涙)

**——献血の列**

日本は強いです！大阪難波の献血施設は被災地の方の為に超満員の順番待ちでした。私欲の無い列を初めて見ました。感動しました。被災地の方々、全国でその辛さを受け止めます。諦めずに頑張って下さい！

**——買うのやめるわ**

バイト先に若いお兄さんたちが軍団でお酒を買いに来たけど、その中の一人が「やべえ、オレ酒のためにしか金持ってきてないから募金できん。ちょっとこれ買うのやめるわ」って言って商品返品してそのお金全部募金してた。お友達も続々と募金しててすごい感動した。すごいよ。

**——困ったときは！**

昨日青葉台駅で帰宅困難者が溢れる中、車に乗ってる人が「○○方面の方どうぞ！」って言って車に乗せていた。「困った時はみんな一緒ですから！」って言ってた。超感動したのを思い出した。

**——ホームにて**

都営大江戸線の光ヶ丘方面行きは、非常に混雑しています。ホームにも、改札の外にも、電車を待つ溢れんばかりの人。でも、誰一人列を崩さず、通路を開け、係員の誘導に従っている。ロープがあるわけでもないのに、通る人のための通路スペースが。その不自然なほどの快適さに、ただただ感動するばかり。

**——子供の背中**

子供がお菓子を持ってレジに並んでいたけど順番が近くなり、レジを見て考え込み、レジ横にあった募金箱にお金を入れてお菓子を棚に戻して出ていきました。店員さんがその子供の背中に向けてかけた「ありがとうございます」という声が震えてました。

**——支払い**

バイト中に地震があって、ほぼ満席の状態からお客さんに外に避難してもらいました。食い逃げ半端ないだろうなと思っていたけど、ほとんどのお客さんが戻ってきて会計してくれました。ほんの少しの戻られなかったお客さんは、今日わざわざ店に足を運んでくださいました。日本っていい国。

**——自宅トイレの開放**

4時間の道のりを歩いて帰るときに、トイレのご利用どうぞ！と書いたスケッチブックを持って、自宅のお手洗いを開放していた女性がいた。日本って、やはり世界一暖かい国だよね。あれを見た時は感動して泣けてきた。

## 私自身の体験と気づき

そのとき、私は都心の病院からの帰路にあった。新宿駅で地下鉄大江戸線を降りて、長いエスカレーターに乗り、改札口へと向かっていた。突然エスカレーターがユッサユッサと揺れはじめた。「あれ、地震？」。そう思ってからわずか1分足らずで構内スピーカーが「ただ今強い地震が発生しました。地下鉄は全線で運転を取りやめております」というアナウンスが流れた。

それこそが、東日本大震災を告げるアナウンスだった。

大江戸線は地下深くを走る。そして地震の時に地下は地上よりも揺れが少ない。そのせいか、ホームから改札口に向かうエスカレーターも恐怖を感じるような揺れはなく、安全に地下1階の改札口まで行くことができた。

大江戸線の改札口を出た私は、中央線に乗るために最寄り階段で地上に出て甲州街道の陸橋上にあるJR新宿駅南口に向かった。JRの改札口の外にはすでに群集が留りはじめていた。構内放送が「現在すべての路線で電車の運転を中止しており、運転再開のめどは立っておりません」とアナウンスをしていた。しばらくいたが、聞こえてくるのは「運転再開のめどは立っておりません」という声ばかり。

どうしようかと思案していると、「東北で大きな地震が発生したらしい」という話し声が耳に入ってきた。私はともかく家に連絡しようと、携帯で電話をかけたのだが、これがまったく通じない。そこで「今新宿。中央線が運転中止で動きがとれない」というメールを家内の携帯に送信した。その頃になると南口改札前はすごい人波となり、少し身の危険も感じたので、駅前から離れて陸橋の付け根近くにある喫茶店に入った。

30分おきくらいに、家や友人に携帯で電話をかけてみたがまったく通じない。

2時間くらい経って、コーヒー1杯で何時間も粘るのは悪いと思い、サンドイッチでも注文しようかと店員を探してキョロキョロした。すると、少しはなれた壁際の棚に飾り物のように置いてある古めかしいダイヤル式でピンク色の公衆電話が目に入った。「昔は喫茶店にああいうピンク電話があったな」などと思っていたら、ふと「あの電話ひょっとして使えるかも」という考えが頭に浮かんだ。サンドイッチを注文したついでに「あの電話使えますか」と聞くと、「ええ使えますよ」との答え。「それっ」とばかりに電話機のところに行き、10円玉を数枚入れて受話器を耳に押し当てると、通話可能なプーッという音が。さっそく自宅の電話番号をダイヤルすると、ほどなくプルルという呼び出し音が聞こえて「はい○○です」という女房の声が聞こえた。

「やった!」という感じで、家の様子や都心に勤めている娘の安否などを聞いたところ、多摩地区の一戸建てのわが家は「家具ひとつ倒れなかった」とのこと。また港区に本社のある会社に勤めている娘のことも「無事みたい」との返事だった。私は自分の様子や現在の居場所を教え、「何とかするから大丈夫」といい、ついでに「2時間ほど前にメール打ったけど届いている?」と聞いたら、「全然きてない」との答え。そうか、携帯はメールを含めて全滅なのだとそのときわかった。それとともに、あらためてこういう非常時には公衆電話が頼りになると知った。

サンドイッチを食べ終わった私は、喫茶店を出て、新宿駅の東口近くまで行き、そこから階段を降りて西口の地下広場に向かった。広場の方に向かって歩いていると、なにやら行列ができている。なんだろうと思ったら公衆電話の順番を待つ行列だった。

この20年間くらいで携帯電話はすさまじい勢いで普及し、それと反比例するように駅構内の公衆電話はみるみる数が減った。新宿駅のようなマンモス駅でも、構内の公衆電話の台数は昔に比べるとずっと少ない。地震が起きて携帯電話がまったく通じないなかで、公衆電話は通じることがわかったために、わずかな台数の公衆電話機に大勢の人が押し寄せ、たちまち〝行列のできる電話機〟になった。

ここでいかにも日本人らしかったのは、公衆電話を利用する際のマナー。電話がつながったとなれば、自分の無事、子どもなど家族の安否、家や家具の被害、会社の様子など、聞きたいこと伝えたいことは山ほどあったはずだ。また、利用者のなかには東北出身で、両親や兄弟が津波に襲われた太平洋沿岸地域に住んでいる人もいたに相違ない。にもかかわらず、多くの人が10分以内程度で通話を終え、次の人に代わっている感じだった。必要最低限のことだけを伝え、あるいは確認をして、早めに通話を終える人が大半のように見受けられたのだ。おたがい赤の他人なのに、なんという優しい気配り、なんという思いやりなのだろうと感心した。

「電車はどうかな」とJRの西口改札に行ってみたが、相変わらず運転再開の気配はまったくない。どうしようかと思案していたら、ふと東中野に知り合いの会計士の事務所があることを思い出した。で、そこに向かうことにした。

地下から地上に出て青梅街道に向かう。道路沿いのビルのなかに1階のエントランスホールを帰宅困難者に開放しているところがいくつもあって感心した。5分ほど歩いて青梅街道に出ると、両側の歩道は大勢の帰宅者が黙々と郊外方向に歩いている。車道はといえば、上下線ともすごい大渋滞で車はほとんど動いていない。

そのときの青梅街道で一番印象的だったのは、何ともいえぬ不思議な静けさ。車道は車が微動だにしないほどの大渋滞だったが、クラクションを鳴らす車など一台もなく、まだ寒い季節なのにエンジンを止めている車さえあった。そして両側の歩道は、大勢の人たちがまるで黒い川のように黙々と下り方向に歩いていた。

私もその黒い流れに混じり、青梅街道を中野坂上方面へと向かった。街道沿いの飲食店のなかには「温かいお茶あります」とか「トイレをどうぞ」と書いた紙を店先に掲げているところもあり、「みんな親切なんだ」と感心した。中野坂上の交差点で右折して今度は山手通りを20分ほど歩き、20時30分頃に知り合いの会計士の事務所に到着した。

なかに入ると、事務所のスタッフは全員が残っていて、私もお茶やお菓子を御馳走になりながら、テレビのニュースで津波の被害状況などを見て交通機関の復旧を待った。22時半頃からテレビ画面に「地下鉄大江戸線や西武新宿線などが運転を再開」というテロップが流れはじめたので、私も会計士さんの事務所を出て大江戸線、西武新宿線を利用して夜中の零時過ぎにわが家に帰ることができた。

電車も駅も超満員だったが、混乱も怒号もなく皆静かに整列して電車の到着を待ち、乗車した。東京では火災も含めて地震による直接的な被害は少なかったのだろうが、街がとても静かであったことや人々が皆親切で、冷静で、忍耐強く、必要なときは助け合っているのが印象的であった。

## 結局日本はいたるところ「いい人の国」

もしかすると、今回の大震災でわれわれ日本人が一番驚いたのは、被災者たちがとくに意識することもなくやったことや、逆にやらなかったことが、他国の人々にとっては信じられないことであったり、感嘆することだったという点かもしれない。それゆえに、世界中で大々的に報道されたのだ。

たとえばこれだけの大災害にもかかわらず、被災地において暴動や略奪などがほとんど起きなかったとか、被災地の人々がつねに冷静で理性的で秩序ある行動をとったことなどの驚きや感嘆の声が多かった。いずれも日本人にとっては当たり前のことだったのだが。

さて、そうしたなかでわれわれがその意外性に驚いたのは、数百万人単位の帰宅難民が発生した首都圏において、自己中心的で他人のことなどほとんど関心を持たないと思われていた大都市住民たちが、自発的にさまざまな救援活動や奉仕活動を行ったことだった。大都市の住民はどちらかというと「われ関せず」のスタンスで、身勝手な振る舞いをするものばかりと思いこんでいたが、そうではなかった。それはひと言でいえば、「なべて多くの日本人はいい人なんだ」ということにつきるのではないか。

以下はあの震災を通じて私なりに感じた日本および日本人像である。

**非常時でも失わない冷静さと理性**

第1は被災地でもほとんどの住民が理性や冷静さを失わず、ルールや法律を守り、秩序ある行動をしたという点だ。たとえば東北の被災地においてパニックや暴動などがまったく起きなかったし、大渋滞となった首都圏の幹線道路でもクラクションを鳴らす車はほとんどなかった。

**じっと静かに我慢する力**

第2はじっと静かに我慢するという点だ。地震の強烈な揺れや巨大津波で道路や鉄道などが破壊され、あるいは寸断され、水や電気や水道などのライフラインもズタズタとなり、食料も燃料もまったく不足するなかで、被災者たちは慌てず騒がず文句もいわず、暴動も略奪もせずに、空腹や寒さをこらえ、じっと静かに救助を待った。

**他人への気配りや気遣い**

第3は他人への気配りや気遣いを忘れず、他人に迷惑をかけないよう心掛けていた点だ。たとえば携帯がまったく通じなくなった首都圏で、唯一通じた公衆電話に殺到した人々は列をつくってきちんと並び、割り込みもせず、自分の順番が来ても後の人のことを考えて通話を短時間で早めに切り上げた。

**正直で違法なことをしない**

第4は、すさまじい津波に襲われ、破壊と混乱に見舞われた被災地でも、違法行為に走る人間が非常に少なかったという点だ。略奪や破壊行為がなかったのは無論のこと、窃盗や空き巣も少なかったし、流失して瓦礫のなかから見つかった金庫やバッグや財布なども、そのほとんどが警察に届けられた。

**困ったときはおたがいさまと助け合う**

第5は「困ったときはおたがいさま」という助け合いの精神が大いに発揮され、被災地でも、多数の帰宅難民が発生した首都圏でも、当然のように実践された点だ。被災地の避難所では、配給された水や食料を皆で公平に分かち合ったし、都内のスーパーやコンビニでも客の大半が他人のことを考えて必要最低限しか買わなかった。

**他人のためにとりあえずできることをする**

第6はTVニュースなどで津波や地震の被害や影響を知った大勢の国民が、自分にも何かできることがあるはずだとの思いに駆られ、行動を起こした点だ。郊外の私鉄駅から自分のバイクに希望者を乗せて自宅まで送った若者がいたり、停電で信号機の消えた交差点で交通整理をした近隣住民がいた。

## 自分たちのことは二の次

第7は「被災者こそが最優先で自分たちは二の次」という精神で救助活動などにあたった人が大勢いた点だ。災害派遣の自衛隊員などはその典型だが、民間人でも宮城県女川町の水産会社専務のように、まずは中国人研修生を安全な高台に避難させ、自分は会社に戻ったところを津波に襲われて行方不明となった人もいた。

## じっと並んで順番を待つ

第8は巨大津波に襲われた被災地でも、また膨大な帰宅難民が発生した首都圏でも、人々は必要があれば静かに並んで順番を待った。たとえば11日の深夜に運転を再開した私鉄ターミナル駅では、ホームに入りきらないほど多数の利用者が殺到したが、騒ぐ人はほとんどなく、皆静かに並んで整列乗車を励行した。

第Ⅱ章

# わが国は平時も「いい人の国」だ

日本人のモラルや民度の高さは、大震災発生時などの非常時だけでなく、平時においてもさまざまな状況下で発揮される。そう、日本は平時から「いい人の国」なのだ。

ところで、プロローグで軽く触れたが、普段われわれが「彼はいい人だ」などというときに頭のなかにあるのは、「人格者」とか「優しい」とか「徳がある」とか「義理堅い」とか「親切」とか「欲深くない」などの印象である。でも本書では、もう少し広い意味で「いい人」という言葉を使っている。すなわち民度やモラルの高い人たちとか、昔から日本人の長所や魅力とされる気質、気性、価値観、行動特性などを持っている人たちも含めている。

たとえば、礼儀正しい、正直、清潔好き、時間に正確、協調性に富む、我慢強い、勤勉、責任感がある、譲り合いの精神、進取の気性、遵法精神、もてなしの気持が強い、秩序を重視、人に迷惑をかけない、などの気質、気性、信条、価値観などである。

この章では普段の日常生活のなかで私が感じた、わが国ならではの「いい人の国」という社会状況を8つの切り口から具体例を交えて考察した。

# 1 世界でひときわ礼儀正しい国民

## 新幹線ワゴンサービス販売員のお辞儀

東海道新幹線は２０００年3月で食堂車が廃止され、飲料やアルコールやスナック類などの販売は、販売員がワゴンを押して車両を移動しながら行うワゴンサービスが主体となった。現在このワゴンサービスはＪＲ東海の子会社であるジェイアール東海パッセンジャーズという会社が「のぞみ」と「ひかり」の車両で行っている。

私はほぼ月に一度は東海道新幹線を利用する。車両の通路をワゴンを押しながら通り過ぎていく販売員を見るにつけ、お客に接する際のマナーや愛想がなかなか良いと感じる。

新幹線のワゴンサービスについてとくに感心するのは、こうした販売員たちが乗務のたびに、おそらく何十回と行っているお辞儀の仕方である。

彼女たちはひとつの車両で販売がすむと次の車両へと移動する。そのたびに、それが進行方向の前方のドアであれ、後方のドアであれ、ドアの前で客の方を向いて丁ねいにお辞儀をしてから移動する。だが、乗客の大半は彼女を見ていない。

ついこの間も東海道新幹線で東京―名古屋間を往復する機会があった。定点観測よろしく車掌やワゴンサービスの販売員のお辞儀を観察した。車掌やワゴンサービスの販売員は、進行方向とは逆の後ろ側のドアから入ってくる際にも、また出ていく際にも、丁ねいに頭を下げてお辞儀をしていた。お客は全員前を向いて座っているのに。

列車の車掌やワゴンサービスの販売員がここまで礼儀正しい国は、日本以外にまずないだろう。彼女たちは会社からそのように指導されているのだろうが、上司や先輩が見ているわけでもないのにそうするのは、日本人の生真面目さに加えて、若い販売員でもお辞儀の大切さを知っているからだと思う。

こうした礼儀正しさは、これからもぜひとも続けてもらいたいものである。それは決してムダではない。そういう心がけや行動習慣こそがホスピタリティを養い、さらに丁ねいで心のこもった顧客サービスになるからだ。

日本人は実に「誰も見ていなくても悪いことをしない」人間の多い民族だが、それと同じくらい「誰も見ていなくても良いことや正しいことをする」人間でいてほしいと思う。

## サポーターのマナーはもはや伝説

２０１０年、サッカーワールドカップの一次リーグ最終戦にまつわるエピソードを紹介したい。日本代表はデンマークとあたり３－１で下し、８年ぶりで決勝トーナメント進出をはたした。日本代表の勝利と決勝トーナメント進出を喜んだサッカーファンは、渋谷や六本木の街に繰り出し、嬉しさと喜びを爆発させた。六本木ではロアビル前の道路が紺色のユニフォームであふれ、踊ったり万歳をしたりの大騒ぎとなった。

熱狂的なサッカーファンは、海外ではフーリガンと呼ばれてしばしば暴徒化する。六本木の街にもそうした事態に備えて少なからぬ警官隊が動員されていた。歩行者用信号が変わるたびに、警察官が笛を吹き映画『スター・ウォーズ』のライトセーバーのような棒状電灯を振りながら、車道で騒いでいるサッカーファンに両サイドの歩道に戻るように呼びかけると、飛んだり跳ねたりしていたサッカーファンが速やかに歩道へと引き下がり、そこで気勢を上げ続けた。そしてふたたび信号が変わると、彼らはあっという間に車道に戻り、そこで騒いだ。

この様子を撮影した映像がＹｏｕｔｕｂｅで紹介されると、世界中から「日本のフーリガンおかしいだろう。礼儀正しすぎる」などのコメントが多数寄せられた。

法律を守り、警官の指示に従い、礼儀正しい。熱狂的なサッカーファンといえども、彼らもやはり日本人なのだ。日本のサッカーファンや選手らの行儀の良さとかマナーの良さは、いまや世界各地でも定評があり、しばしば各国のメディアで紹介されている。

２０１４年10月10日に中国の浙江省で行われたU－19アジア選手権の予選、日本対マレーシア戦でも、これまた同じ光景を見た。今度は選手の行儀の良さであった。試合は日本がマレーシアに５－１で勝利した。中国で行われた日本とマレーシアの試合なので、観戦に訪れた観客はわずか１００人足らず。試合終了時には10人ほどしか残っていなかったという。にもかかわらず、日本の選手たちは全員がフィールド上に整列し、観客席に向かって丁ねいに一礼したのである。日本代表のこの行動には中国のサッカーファンも驚いた。中国の掲示板サイトにもスレッドが立てられ、さまざまな感想が寄せられた。日本代表を称賛する声は多く、「これが礼儀だよな。日本は礼儀の面ではたしかにすばらしい」と褒め称えるものや、中国と比較して「中国人がこれくらい謙虚になれば、先進国になれる日も遠くないのだが」との主張があり、多くの支持を得ていた。

スポーツファンの礼儀正しさや応援マナーの良さはサッカーだけではない、２０１４年の3月に埼玉アリーナで行われたフィギュアスケートの世界選手権では、観客のマナーや分け隔てのない応援が海外の選手や関係者の間で話題になった。

最近、日本のファンは何種類もの小旗を会場に持ち込むという。日本の選手が演技をするときは日の丸の小旗を、米国選手が演技するときは星条旗の小旗を、ロシアの選手のときはロシア国旗の小旗を、といったやり方で各国の選手を応援するのである。とくに良い演技には選手の国籍に関係なく惜しみない拍手や歓声をかけ、さらに演技が素晴らしければスタンディングオベーションで拍手をしたり、花束をリングに投げ込む。ブライアン・オーサーコーチらと共同で羽生結弦選手を指導するトレイシー・ウィルソン氏は、埼玉アリーナの観客席の雰囲気について「ここの会場の温かい雰囲気。ソチでの厳しかった体験を終えて、まるでヒーリングされているような気がする」と語ったそうだ。

## 2 遠来の客は精一杯もてなす

### 今も昔も日本旅館の「おもてなし」は最高

日本には「おもてなし」という言葉がある。わざわざ訪れてくれた遠来のお客などに対して感謝の気持ちを形として伝えたい、精一杯歓迎したい、いい気分で満足して帰ってほしいといった願いや気持ちを込めた行為やサービスのことだ。

ところで「おもてなし」というと、とっさに頭に浮かぶのは日本旅館における客に対するきめ細かな接客サービスやその姿勢。まさに、遠方からわざわざ訪れてくれた客を相手にするからこそのサービス思想といえる。

幕末から明治の初期にかけて、開国後間もない日本には欧米から大勢の外交官、軍人、ジャーナリスト、学者、エンジニアなどの外国人がやってきた。その大半が男性であったが、彼らのなかには洋風のホテルに泊まらず、あえて不便や不都合を承知の上で、日本式の旅館に泊まる者が少なからずいた。その理由は主にふたつあったという。

そのひとつは、当時の日本旅館では大勢の若い女性が仲居さんとしてお茶出し、配膳、部屋の掃除などのために働いており、彼女らは外人客に対しても愛想が良く、親切だったからだという。理由のもうひとつが、当時の日本旅館のおもてなしにあったようだ。足を洗ったり、食事の給仕をしたり、洗い物を受け取ったり、帰り際に小さな花束を贈るなどだ。もしかすると若い仲居さんたちのにこやかで親切な対応こそが、彼らにとっては何物にも代えがたいおもてなしだったのかもしれない。

日本旅館におけるおもてなし、とりわけ従業員のきめ細やかな心配りは、現在でも欧米からの旅行者を強く感動させるようだ。

文化情報を発信するブログ「terinaandtim.blogspot」には米国人女性が京都の旅館に宿泊したときの体験と感想が記されている。ある米国人女性は、日本のおもてなしを体験するには旅館に泊まるのが最適と掲載。京都での宿泊体験について「京都は美しくて文化的な町。その京都で旅館に滞在するのは最上の楽しみ」と語り、「信じられないほど優雅で、誰もが日本文化に魅了される」と高く評価している。旅館で体験することすべてが美しいと感じたようで「まず旅館に着くと、親切な従業員らに至れり尽くせりの世話をしてもらえる」、そして「チェックインすると即座に仲居が個室に挨拶に訪れ、お菓子とお茶をサービスしてくれる」と一連の対応に感動している。

出掛けるときにはかならず数人の従業員が見送ってくれて、ドアを開け、靴を揃えて待っているなど、自国では味わえないサービスに感動している。そのほかにも印象深い心遣いとして、毎晩布団が敷かれた後に、枕元に折り紙の鶴が置かれていて、しかも女性の枕元には雌の鶴、男性には雄の鶴が置かれるなど、日本人の細やかな心遣いに感心している。

そうした心遣いと気配りに、その旅行者は「人々の優しさやもてなす心に触れて感動するとともに、謙虚になっている自分に気づいた」と感想を書き残した。そしてタクシーに乗るときまで荷物を運ぶ手助けをして、タクシーが見えなくなるまで深々と頭を下げて見送ってくれた姿に感動し、長い間、それが心に焼きついたという。

## 地方の農家に見た「おもてなし」の神髄

おもてなしは何も旅館や商業施設だけの〝専売特許〟ではない。

私事ではあるが、私には茨城県に農業をしている遠い親戚がいる。義父とともに、お盆のときなどには何度もその家に足を運んだ。周囲は一面の野菜畑。真夏に行くとジージーという蝉の声以外には何も聞こえないような本物の田舎なのだが、訪問するたびにもうこれ以上はないというくらいに精一杯の歓迎をしてくれた。

チョットなまった朴訥な口調で「いやー、田舎なもんで何もないけっども、どうぞ召し上がってください」などといいながら、その日の朝、自分の畑から採ってきた野菜でつくった漬物やら、天婦羅やら、煮物やら、サラダやら、けんちん汁やらを次から次へと出してくれる。近くの魚屋から買ってきたマグロやハマチの刺身も出てくるし、自家製の手打ちうどんや赤飯やおはぎなども出てくる。野菜はどれも新鮮で、口に入れて噛みしめるたびに、細胞の一つひとつに満ちている生命エネルギーが口のなかではじけていくような感じがした。実に名状しがたい新鮮な味と歯ごたえがあり、採りたて、もぎたての野菜がこんなにもおいしいものかとひどく感激した。東京の人間にとって、これはまさに最高のおもてなしだなと感じた。

やがて夕方になって辞する旨を告げ、帰り支度をはじめれば「いやー、こんなもんしかないけっども、どうか持ってってください」などといいながら、大きな段ボール箱いっぱいの自家製野菜を土産として持たせてくれる。

マッ黒に日焼けした純朴で穏やかな表情、そして謙虚で控えめで偉ぶらない物腰のなかには、遠路はるばる訪れてくれた客を目いっぱい歓迎したい、もてなしたいという気持ちや心情がもう全身から溢れている。

ところで、地方の農家の人たちのこうしたおもてなしの気持ちやサービス精神は、今から150年も前の幕末期に江戸を訪れた欧米人も感じたようだ。たとえば、1863年に日本とスイスとの修好通商条約締結のために訪れたエメ・アンベールも、日本の農家の人々の対価を求めぬ心優しいもてなしの気持ちをしきりと強調し紹介している。

おもてなしとはかくのごとし。本来は支払いなどの金銭的な対価をともなわずに、純粋に感謝の気持ちや歓迎したいという心情から発する行為なのだ。

農業が大切なのは、何もカロリーベースの食料自給率を引き上げるなどの食料安全保障上の理由からだけではない。こういった対価をともなわないローカルの農家の人々の心の中に脈々と流れている純朴な優しさ、辛抱強さ、親切、気配り、気真面目さなどの気質や気性、あるいは価値観や規範、道徳、常識といったことを保護し育成することも大切だと思う。

## 3 誰も見てなくても悪いことをしない

### 野菜の無人販売所

2012年に劇場公開され、北野武氏が監督並びに主演をした『アウトレイジ ビヨンド』という作品の売りは〝全員悪人〟というコンセプトであった。映画のなかでセリフをいう役どころの人間は全員が悪人という設定である。

現実の日本社会には、これとは真逆に近い〝ほぼ大多数が善人〟という性善説を前提としたビジネスや商行為が今でも存在している。これは世界的にも珍しいビジネスのやり方で、日本人の精神文化のなかには、世界からみるとガラパゴス的な希少性を有する部分が少なからずあることを示唆している。

たとえばちょっと信じられないほどの性善説というか、お客さまはみな正直という前提の商売だと感じさせるのが、農村や東京の郊外部の農地沿いの道路などにある野菜の無人販売所だ。簡単な屋根掛けの小屋のなかに、板でつくった2段か3段の商品棚があり、そこにキュウリ、ナス、ネギ、トマト、ジャガイモ、ハクサイなどの野菜類やナシ、ブドウ、イチゴなどの果物類を載せて売っている。野菜や果物のそばには、段ボール紙などにマジックで書かれた値札が置いてあり、棚の端には客が払う金を入れるための料金箱が置いてある。

疑いもなく販売店なのだが、この店には店長も店員もいない。だから無人販売所という。経営者はほとんどの場合、近くの農家だ。畑で採れた作物の一部を無人販売所で売って手っ取り早い現金収入にしているのだろう。彼らが店に来るのは、畑で採れた野菜を店に持ってくるときと、料金箱の中の売上金を回収するときくらいだろう。

無人店舗とはいっても、傷みやすい葉物野菜だとか、ジャガイモのように一度に何個も持てない野菜類などは、ちゃんとビニールの袋に入れてある。また、客が買った野菜を入れるための大きめのビニール袋の束も置いてあって、けっこう行き届いている。

店番もいない無人店舗だから、ひと気の途絶えたときに、金を払わず商品だけを持ち去ったり、表示価格より少ない額を料金箱に入れて野菜を持ち去ることも可能だ。さらに料金箱の金を盗んだり、料金箱ごと持ち去ったとしても捕まる可能性は低い。

なかには金額をごまかしたり、商品を盗む輩もいるだろう。にもかかわらず、無人販売所がなくならないのは、大多数の客は正直に金を払うからに違いない。

わが国には正直な人間が、すなわち「誰も見ていなくても悪いことをしない」人間が想像以上に多いということであり、国民の民度が高いということの証でもある。

海外の新聞の日本語翻訳版をネットで見ていたら、日本と同じように性善説にもとづいて農作物の無人販売が行われている国があることを知った。それはノルウェーだ。田舎に行くと近くの農家が生産したチェリーなどを売る無人の販売店が、道路沿いに並んでいるという。値段の表示と料金箱があるだけで、店員はいない。料金箱のなかには硬貨とお札がぎっしり入っているそうだ。

日本は極東のはてにあるが、ノルウェーも欧州の北の端にあることに気がついた。どうやら世界中どこでも、果てや端の辺境の地には「いい人」が多いのかもしれない。

## 真夜中でも赤信号なら車が止まる

「赤信号、みんなで渡れば怖くない」。これは北野武氏が若い頃に流行らせた有名なフレーズだ。当時はなるほどうまいことをいうものだと感心した。

これが欧米だと、歩行者はたとえ横断歩道の信号が赤であっても、車が来なければ自分の判断で、つまり自己責任でさっさと渡ってしまう。車がまったくないのに目の前の信号が赤だからという理由だけで、ジッと待つなんてナンセンスと考えるわけだ。つまり「赤信号、自己責任で渡る分にはかまわない」という思想である。だから北野武氏が流行らせたようなフレーズは、欧米の人々には多分受けないだろう。

世界的に見れば、日本人はバカがつくほど正直な人間が多い。そして小学生以上の国民のほぼ全員が、法律によって信号が赤になれば人も車も止まらなければならないことを知っている。しかも私たち日本人は、小さいときから正直者になりなさい、規則はきちんと守りなさいと教育される。そして、お上のつくった法律や条例はたとえ不合理やナンセンスな側面があっても、無視したり違反することに罪悪感や抵抗感を感じてしまう。結果、走っている車などほとんどいない真夜中の田舎の道路でも、前方信号が赤ならばほとんどの車が止まるのである。

私も以前は「信号機はたんなる機械。機械に人間がコントロールされるなんてナンセンス」と思ったりもした。けれども最近はこうしたバカ正直で規則や法律を無視できない、すなわち「誰も見ていなくても悪いことをしない」「誰も見ていなくても正しいことをしてしまう」社会であることが、わが国の安心や安全や秩序の維持につながっていると思うようになった。

日本人のこうしたバカ正直さというか、クソ真面目な順法精神や道徳観は、道路交通の問題にかぎったことではない。先に触れた、野菜の無人店舗などでの買い物行動もそうだし、道を歩いていて誰かが落とした財布や鍵を見つけたら、当然のように最寄りの交番か警察署に届けるという行動もそうだろう。

正直で善良な人間の多いことは日本が世界に誇る素晴らしい財産であり、それは未来永劫にわたって継承していきたいことでもある。

## 4 ともかく清潔好き

### 清潔すぎてハエも生存できない

東京の街や道路はどこに行っても実にきれいだ。ここでいう「きれい」とはゴミや泥や塵などが落ちていなくて清潔という意味と、視覚的・景観的に美しいという意味の両方である。

一日の乗降客数が360万人と世界一の新宿駅周辺の道路はどうだろう。東口を出て、新宿通りを挟んで反対側にあるアルタビルの前の歩道を見てみる。ここは若い人たちが待ち合わせによく使う場所である。そのせいか、紙屑などが少し落ちていた。それでも想像していたよりはずっときれいだ。ここからさらに歌舞伎町方面に足を延ばしてみる。歌舞伎町はアジア有数の歓楽街。この街を訪れる人たちのほとんどは、酒を飲んだり、映画を観るなど遊ぶためにやってくる。当然、公共道徳心や自制心は普段より緩んでいる。にもかかわらず、道路上には目に付くようなゴミや塵がほとんど落ちていない。道路管理者がこまめに掃除をしているのかもしれないが、そもそも来街者が街をあまり汚さないのだと思う。

では、日本一の繁華街銀座はどうだろう。シャネル、プラダ、ダンヒル、ブルガリ、ティファニー、ミキモトなど内外の有名ブランドのショップ、鳩居堂、山野楽器店、木村屋などの老舗の名店、三越、松屋、和光など百貨店が集中する銀座通りを歩いてみた。この通りは歩道の幅員が7《メートル》以上もある。このユッタリとした歩道はきれいなカラーの敷石で舗装されていて、通りに面して立地する洒落た店舗や電線のないスッキリした空中景観と相まって、銀座通りをリッチでオシャレな雰囲気にしている。

当然のように、タバコの吸い殻も紙屑も落ちていないし、泥や砂などもまったくない。おそらく裸足で歩いても足の裏はほとんど汚れないだろう。

銀座は海外からの観光客がとくに多い。とりわけ中国人が目立つ。東日本大震災や原発事故で一時的に減ったが、最近は家電量販店などが出店したせいもあって「爆買い」目的の中国人などが急増している。曜日や時間帯によっては歩行者の大半が中国人で占められている感じだ。中国人といえば、公共道徳心の希薄な人たちというイメージがある。でも、私は彼らが銀座の街でゴミやタバコの吸い殻を捨てるところを見たことはほとんどない。あまりにきれいなので汚す気にならないのかもしれない。

日本を旅行したある中国人が書いたブログのなかで「日本滞在中の6日間のうち、ハエを見たのは1匹だけだ。日本は清潔すぎてハエも生存できない」と、おもしろい表現で日本の都市の清潔ぶりを紹介していた。

それにしても街中のゴミ箱の数はもう少し増やしたほうが良いように思う。ゴミは原則持ち帰れというのは、大げさにいえば行政側の横暴や怠慢のような気もするからだ。ましてや国際的な観光立国を目指すならなおさらだ。

## 身体の清潔へのこだわりは世界一

東京ガスの都市生活研究所によれば、日本人の風呂好きは世界一といっても良く、家庭での入浴頻度も断然高いという。ちなみに毎日浴槽につかる人の割合は米国人が10人に1人なのに対して、日本人は夏が3人に1人、冬は2人に1人らしい。

日本人のこうした風呂好きは、開国後間もない江戸を訪れた西欧人たちも一様に指摘している。町民が毎日のように銭湯に行くことに感心しているし、夏などは家の庭先に木のタライを出して行水や洗髪をする人の多さにも驚いている。つまり、日本人の風呂好きは今にはじまったことではないのだ。

では、われわれ日本人はなぜそんなに風呂好きなのか。真夏の気候がやたらと蒸し暑く、汗をかきやすいという気象条件もある。しかし、何といっても日本人が大の清潔好きだからだろう。前の項で、日本の街や道がやたらと清潔だと書いたが、その最大の理由は日本人が清潔好きだからである。

お尻洗浄機能付きトイレは日本の大手陶器メーカーが１９８０年に開発した先進のトイレシステムだ。これも日本人の清潔好きという国民性がなければ、製品開発はなされなかっただろう。ちなみに内閣府の消費動向調査によると、その普及率は２０１２年で73・5パーセント。パソコンの77・3パーセントやデジカメの76・3パーセントとほぼ並んだ。いまや生活必需品といっていい。

さて、日本人の清潔好きは目に見える汚れやゴミの始末に留まらない。いまや抗菌、殺菌、消毒など目に見えないミクロレベルの汚れや細菌にまでおよぶようになった。当然、どこの医院でも待合室の入口にスリッパの殺菌装置を備えている。他人の履いたスリッパをそのまま履くのは不衛生で嫌だという人が多いのだろう。また、家庭用では衣服や寝具の消毒・消臭用の商品もけっこうなヒット商品となっているらしい。

そこでさらに疑問がわく。日本人はなんでそんなに清潔にこだわるのか、と。

私は宗教的な要因もあるように思う。神社やお寺に行くと境内はきれいに掃き清められているし、建物の内部も床は毎日のように雑巾掛けがなされている。これは神道や仏教では、神や仏に祈ったり、修行をしたりする場所は不浄であってはならないという思想があるからだ。また、お清めという行為や儀式もある。大きなお寺や神社などに行くと、本堂や社殿の手前に水場があり、そこで手を洗ったり、口をすすぐようになっている。参拝前にはまず身を清めてということだ。水で体を清めるという行為は、もともとは川や海などに浸かって身体を清める禊《みそぎ》という儀式からはじまったものらしい。

こうしてみると、日本人は宗教的な理由からも身体や身の回りの環境は常に清潔で穢《けが》れのないものにしておきたいという気持ちが強いのかもしれない。

## 5 あきれるほどに時間に正確

### 世界一正確に運行される日本の列車

人との待ち合わせなら5分くらい前に着いておくのが〝心得〟だが、列車の運行となると、早くても遅くてもよろしくない。ジャストタイムが求められる。

ＪＲであろうと私鉄であろうと地下鉄であろうと、定時運行という点に関して日本の列車は間違いなく世界一正確だ。たとえばフランスの超高速列車ＴＧＶでは14分未満の遅れは正常ダイヤ通りの運行とみなされるという。つまり遅れとはならないわけだ。その点、わが国では、たとえばＪＲの場合、一般的に1分以上の遅れは統計上の〝遅れ〟として数えられる。時速３００キロメートル近くで東京と新大阪の間（約６００キロ）を走行している東海道新幹線や、東京と青森の間（約７００キロメートル）を走行している東北新幹線では、5分間でも遅れようものなら車掌が車内放送で「お急ぎのところ、誠に申し訳ございません。この列車は○○付近での○○のために、定刻より5分遅れで終着駅東京に到着いたします」といったお詫びのアナウンスをする。こうした定刻運行は上越新幹線や山陽新幹線など他の新幹線でも同様だ。

ちなみに新幹線の運転手は、途中通過駅の時刻とダイヤとの差を秒単位で確認しながら定時定刻運行に努めている。たとえば東海道新幹線「のぞみ号」の運転手は、通過する駅ごとに指さし確認をしながら「5秒延通（遅れて通過）」とか「7秒早通（早く通過）」と声を出し、コントローラーやブレーキのきめ細かな操作でダイヤとのずれを秒単位で修正して定刻運転を行っているという。

こうした努力もあって、新幹線の平均遅延時間はなんと36秒だそうだ。さらにすごいのは、朝の7時台とか8時台とかの東海道新幹線のダイヤ。時刻表で見ると東京と名古屋の間には「のぞみ」「ひかり」「こだま」など合計13本の列車が運転されていて、最短では3分間おきに時速２８０キロメートル運転の「のぞみ」が運行されている。

超高速の列車がこれだけ濃密なダイヤで運行され、それでいて1分以上の遅れは〝遅れ〟とみなすJRの運行力と技術力と定時運転に対する自信は驚異的である。

さらに定時運行のことではないが、列車がホームに止まる際に、決められた位置から寸分たがわぬところにぴたりと止まるという点も海外の人たちからすると驚異らしい。

なぜこれほどまでに正確で安全な列車の運行ができるのだろうか。

ＩＴなどを駆使したすぐれた運行システムや車両や軌道や架線などの高度な技術があってのことだろうが、それに加えて、列車の運行や整備に携わる人々の強烈なまでの使命感、義務感、プロフェッショナルとしての誇りなどがあると思う。つまり結局は〝人〟に行き着くのだ。「いい人の国」だからこそ実現できた成果であり、システムだと思う。

## かならず納期を守る日本人

日本人の時間厳守に関する真面目な姿勢は、新幹線の運行のような分秒を争う事柄にかぎらない。土木工事や建設工事の納期のような何カ月とか何年という長期にわたる期間のスケジュール管理でも同様である。

元総理大臣の麻生太郎氏の著書『とてつもない日本』のなかに、２００５年の小泉内閣当時、外務大臣としてインドを訪問して日本の政府開発援助（ＯＤＡ）で建設されたニューデリーの地下鉄を視察した際に、インド側の責任者から聞かされた時間や納期や仕事に対する日本人技術者たちの厳しく真面目な姿勢についてのエピソードが紹介されている。

少し長いがそのまま引用する。

「自分は（インド側）技術屋のトップだが、最初の現場説明の際、集合時間の8時少し前に行ったところ、日本から派遣された技術者はすでに全員が作業服を着て並んでいた。我々インドの技術者は全員揃うのにそれから10分以上かかった。日本の技術者は誰一人文句も言わず、きちんと立っていた。自分が全員揃ったと報告すると、『8時集合ということは8時から作業ができるようにするのが当たり前だ』と言われた。悔しいので翌日7時45分に行ったら、日本人はもう全員揃っていた。また、このプロジェクトが終わるまで、日本人が常に言っていたのが『納期』という言葉だった。決められた工程通り終えられるよう、一日も遅れてはならないと徹底的に説明された。いつのまにか我々も『ノーキ』という言葉を使うようになった。これだけ大きなプロジェクトが予定より二カ月半も早く完成した。もちろん、そんなことはインドで初めてのことだった」というエピソードだ。

日本の企業は納期をとても大切にする。それは建設業でも製造業でもＩＴ系のサービス業でも変わらない。受注した仕事がこのままでは納期に間に合わないとなれば、割高な外注を使ってでも納期を守ろうとする。それはなぜか。日本人にとってそれは信用を失わないためであり、信用こそは企業が存続するために必要にして不可欠なことと考えるからだ。また納期が遅れると、その先の工程や作業にも影響がおよび、取引先企業に多大な迷惑をかけてしまう可能性があるからだ。

納期を守ることで守られる信用のほうが、予定外の外注などで発生する赤字や損失よりも大切という考え方だ。こうした考え方は日本人にとくに強い。中国人などとは相当違うようだ。中国の経営者は損をしてまで納期に間に合わせる必要はないと考えるらしい。

日本人にとって、納期通りに工事を終えるのは当たり前である。しかし世界的に見れば、それはかならずしも当たり前ではない。いい意味で、日本の常識は世界の非常識ともいえる。それが納期であれ、工期であれ、列車の運行であれ、友人や知人との待ち合わせであれ、時間に正確なことは、日本人が世界に誇る長所といっていい。

## 6 人様に迷惑をかけない

### ラッシュアワーの電車内も静か

他人に対して迷惑をかけたくないという気持ち、気配り、気遣いは、日本人のもっとも特徴的な精神特性だ。「他人のことなど知っちゃいない、自分さえ良ければそれでいい」という身勝手で利己的な行動や考え方は日本人がもっとも嫌うものだ。

たとえば、公共交通機関内での携帯電話の使用制限などにも、いかにも日本人らしい国民性があらわれている。日本では、電車やバスの運行に問題や影響があるからではなく、他の乗客に「ご迷惑がかかる」という理由で車内での通話を禁止している。だから、もし電車に乗っている最中に外部から携帯に電話がかかってこようものなら、無視するか、何も話さずそのまま切ってしまうか、さもなければ片方の手のひらで通話口を覆うようにして、何かとても悪いことをしているかのように声を潜めながら「今電車のなかですので、後ほどこちらからかけ直します」などといって大急ぎで電話を切る。これなども日本人の、ともかく他人に迷惑をかけることをひどく嫌う国民性や、規則で禁じられるとそれに違反する行為がどうにも気持ちが悪くてやれないという国民性のためである。

そもそも日本人は、電車のなかでは話し声さえも抑え気味にする。東京などの朝のラッシュアワーの時間帯でさえ、駅のホームやコンコースで騒いだり大声を出す人はとても少ない。ギュウギュウ詰めの満員電車のなかの静けさは、海外から来た旅行者が驚くほどである。また電車のなかで子どもがはしゃいだり、騒いだりしようものなら、他人に迷惑をかける行為として慌てて子どもを叱る親が多いのも日本らしい光景である。

ところでわが国では風邪の流行る季節になると、少なからぬ人が職場や電車のなかでマスクをしている。理由は二通りあって、ひとつは風邪をうつされたくないという理由から、もうひとつは自分の風邪を周囲の人にうつしたくないという理由からだ。とくに後者は、風邪を引いた人間がマスクもせずに、周囲に菌をまき散らすのは迷惑な行為と考えるわけだ。こうした思想や気遣いは欧米では通用しないらしい。ドイツやフランスなどでは、そもそもマスクをしていると顔を見せたくない犯罪者か、さもなければよほどひどい伝染病にかかっているのではないかと勘ぐられ、敬遠され、場合によっては警察官に詰問されるという。

このようにわが国では隣人や他人に迷惑をかけることは、大変に良くない失礼なことと されているから、人々は何かをするときには、真っ先にそれが周囲の人や他人に何らかの迷惑をかけないのかを気にするのである。

## 迷惑防止型商品が売れる日本の消費市場

何をするにせよ「人様に迷惑をかけたくない」という思いは、多くの日本人にとってほとんど本能といっていい。

前述したように小さな子ども連れの親子が電車やバスのなかで一番気を遣うのは、子どもがはしゃいだり、走り回ったりして、周囲の人々に迷惑をかけることだし、集合住宅で気を遣うのは、自分たちの生活音や子どもたちの飛び跳ねる音や振動が階下や隣の世帯に漏れたり響いたりして迷惑をかけることだ。また、戸建て住宅の修理やリフォームに際しても、工事の音や振動でお隣やご近所に迷惑をかけないかを気にする人は多い。

だから日本人にとって、他人に迷惑をかけないための気配りは常識となっている。当然、そうした気配りを意識した商品や迷惑予防とか迷惑軽減などのための製品やサービスも出回っている。

たとえば日本製の家電製品のうち、洗濯機とか掃除機とか冷蔵庫とかエアコンなどは、省エネであることに加え、運転音が静かであることや振動の少ないことが重視される。また、マンションなどの集合住宅を購入する際にも、防音性や遮音性は重要なチェック項目となっている。

狭い国土に大勢の人間が住んでいるわが国には住宅密集地域が多い。とくに東京や大阪などの大都市圏では、手を伸ばせば隣家に届いてしまうような密集した住環境や、壁一枚、床一枚、天井一枚隔てた向こうはお隣りという集合住宅で暮らす人も少なくない。おまけにいまや50パーセント近い世帯が共働き世帯だし、通勤時間のかかる遠距離通勤者や仕事が多忙で帰宅時間が夜遅くなる人たちも多い。となると、夜が更けてから洗濯や掃除をする人も多くなる。こうした事情を配慮して、国産の白物家電では音の静かさや振動の少なさが、分譲マンションでは生活音や振動が隣りや階下に伝わらないこと、聞こえないことが購入条件となっている。

また、日本ならではの迷惑防止型の商品のひとつに、消音機能付きのピアノがある。子どもにピアノを習わせている家庭では、隣近所に迷惑をかけたくないので、練習は日中にさせる家庭が多い。そこでピアノメーカーは音が外に漏れては困るような時間帯には、演奏者がヘッドホンで自分だけ音を聴きながら演奏のできる製品を開発したのである。

さて、音の静かさが求められるといえば、自動車も例外ではない。最近は買い替えに際してハイブリッドカーを選ぶ人が多い。その主たる理由は燃費が良いことや環境に優しい点にあるが、ハイブリッドカーなら早朝に駐車場から車を出す際、スターターの音や暖機運転の音がしないから隣近所に迷惑をかけないという点もあるらしい。他人に迷惑をかけたくないという「いい人」の多い社会がこうしたユニークな製品を生み出しているのだ。

## 7 犯罪者や不心得者が少ない日本社会

### 夜中でも女性が歩ける歌舞伎町

国別に見た人口10万人当たりの殺人発生件数という統計がある。２０１４年のデータによると、日本は０・35で下から6番目。一番少ないのがパラオ、モナコ、リヒテンシュタインの3カ国でゼロ。４番が香港で０・24、５番がシンガポールで０・31だ。主要国では米国が１０６位、フランスが46位で、英国が38位、ドイツが21位だから、日本の6位は群を抜いている。

また、２００９年に経済協力開発機構（ＯＥＣＤ）が公表したデータによれば、２００５年時点での主要26カ国における人口１００人当たりの強盗犯罪による被害者率は、1位がメキシコで３・０パーセント、２

位がアイルランドで2・2パーセント、3位がギリシャで1・4パーセントである。日本は0・2パーセントでなんと最下位。つまり主要26カ国のなかではもっとも強盗犯罪に遭いにくい国である。同じOECDの調査で主要国の暴行・恐喝被害者率をみると、ここでも日本は0・6パーセントと最下位。つまり暴行や恐喝がもっとも起きにくい国なのだ。

以上の統計は、日本という国および社会が非常に安全で安心であることを示している。そしてこのことは次のような実態からも明らかである。

新宿の歌舞伎町はアジアでも有数の歓楽街だ。多種多様な水商売や風俗業が集積し、暴力団やその関連企業の事務所などもあり、週末になると夜遅くまでたくさんの人間が街を歩き回っている。こうした歓楽街はどこの国にもあるが、他の国の歓楽街と歌舞伎町との大きな違いは、たとえ夜遅くでも、また裏通りでも、堅気の人間、たとえば普通の女性ですらひとりでほぼ安全に歩けるという点だろう。

もうひとつ犯罪がらみで海外の人が驚くわが国の状況がある。それは銀行などを回る現金輸送車やその担当者の装備。日本ではこの種の業務はたいてい警備保障会社や運送会社に委託される。使用される現金輸送車は防弾仕様ではないし、業務を担当する2名の警備員も拳銃など銃砲類は一切所有していない。海外の人々からすると、これは信じられないほどに甘いセキュリティのようだ。

米国などではこういう仕事に従事する人間は当然拳銃を持っている。また、ヨーロッパでも現金輸送車は防弾仕様の装甲車にしているようだ。

こうしてみると、日本はいかに凶悪な犯罪者が少ないかがよくわかる。ではなぜ、日本の社会はこのように凶悪・凶暴な犯罪が少ないのだろうか。よくいわれるのが、世界に冠たる交番システムの存在や、法律で警官や自衛官などの一部の特殊公務員以外は銃の所有が厳しく禁じられているという点だ。あるいは犯罪検挙率の高い優秀で有能な警察官の存在などだ。でも私は、それに加えて日本人の国民性というか社会の特徴があるといいたい。縄文人や水稲系農耕民族のＤＮＡが、他の民族に比べて凶暴な犯罪者の発生率を下げているのではないだろうか。縄文人や水稲系農耕民族の末裔である日本人は、凶暴な行為をしない草食系タイプの人間が多く、犯罪者や不心得者が他国に比べて相対的に少ないというのが私の独断的解釈だ。

## 電車のなかで安心して爆睡できる

わが国の社会が世界に類のないほどに安全で平和で安心できる社会であることの証は、深夜の歌舞伎町を女性がひとりで無事に歩けるという例だけでなく、身の回りの日常的な光景のなかにもたくさんある。

たとえば、日本では小学生が、それも低学年の児童がひとりで電車やバスに乗って通学する光景をよく目にする。東京や大阪などの大都市では、いったん入学すれば高校や大学までストレートで進学できる私立の一貫校に魅力を感じる親が少なくない。だから東京や大阪では、毎朝の通勤ラッシュの時間帯に制服を着た低学年の小学生がランドセルを背負って、満員の電車やバスに乗っている光景はとくに珍しくない。

しかし、欧米人にとっては日本のこうした光景は信じられないという。つまり、誘拐のリスクや強盗や暴行などの被害者となるリスク、変質者にいたずらされるリスクを心配するわけだ。彼らにしてみると、小学生がひとりで電車やバスに乗って通学するなどということはあってはならず、条例などで禁じているケースもあるという。

日本では、誘拐のような重大な悪事を働く犯罪者や不心得者の絶対数が少ないことに加えて、もし何かあれば周囲にいる大人たちも犯罪の発生を阻止したり、ただちに駅員に知らせたり、１１０番通報するだろう。

ところで、安全で安心できる社会といえば、わが国の大都市圏では電車のなかでスヤスヤと眠っている人が実に多い。酷暑のせいで体力の消耗が激しい真夏の電車とか、会社帰りに一杯やった人が多い深夜の電車などは、車内のあちこちで眠気のあまり船を漕ぐように身体を揺らしている人、なかば口を開けて爆睡している人、本や新聞を読んでいるように見えて実は眠っている人などが多い。

男性ならズボンの尻のポケットに無造作に突っ込んだ財布や、スーツの胸ポケットに差し込んだスマートフォンなど。女性ならハンドバッグなど、盗もうと思えばいともカンタンに盗めそうな感じなのである。ところが、財布やハンドバッグや携帯電話を盗まれたという話はめったに聞かない。ひと言でいえば安全で平和なのである。毎日の暮らしのなかで、自分が犯罪の被害者になることなど想像できないし、そうであるから無防備であることへの問題意識もないのだ。

これほどまでに平和ボケが許される社会、日常生活において犯罪に巻き込まれる可能性に怯えたり、構えたりする必要がなく、無防備な自分を反省する必要もない社会なんて世界広しといえどもそうはないのではないか。

四方を海に囲まれた極東の島国日本だからこそ、世界でも稀なガラパゴス的希少性を有するユートピア社会を実現したのかもしれない。

## 8 強欲でなく、しかもお人好し

### 物欲にも金銭欲にも淡白

最近の若者の多くは物欲が淡白だ。自動車もいらない、バイクもいらない、テレビもいらない、オーディオもいらない、パソコンもいらない、固定電話もいらない、といった具合だ。極端に、そして象徴的にいえば「ワンルームと最低限の家具、それに少々の衣服、あとはスマホひとつがあればいい」といった感じなのだ。

大人たちにもそんな気分、生き方が蔓延している。いわゆる断捨離ブームだ。部屋のなかや家のなかの不要なモノや使わないモノを徹底的に捨て去り、風通しと運気を良くしたいという人が増えている。巧みな収納や片づけで部屋をスッキリさせるのではなくて、衣服であれ、家具であれ、本であれ、食器であれ、家のなかや部屋のなかにあるもので、ともかく使わないものや不要なものを思い切って捨て去り、身軽になってシンプルライフを実現しましょうという生き方だ。

それはまるで幕末に日本を訪れた欧米人たちが驚き、そして感心した、およそ家財といえるものがほとんどない、江戸時代のあっけらかんとした簡素な暮らしを思い起こさせる。初代米国領事ハリスの通訳だったヒュースケンは、滞在日記のなかで、下田上陸後に知った日本人の質素でシンプルな暮らしを「日本人の質素なことは、まことに古代スパルタ人に匹敵する。（中略）虚飾や華美は全く目につかない」と驚いた。

こうしてみると、日本人はずっと昔からモノの所有にこだわらない、物欲に淡白な民族だったとわかる。そんなわが国も20世紀後半には物質文明の勝ち組国家となり、家のなかに家財や衣服が溢れるような生活をしたけれども、21世紀の到来とともに、ふたたび本来の「足るを知る」簡素な暮らしを好む民族性が出てきたのかもしれない。

もしかすると、自動車もテレビもパソコンもほしがらない最近の若者は、風変わりな日本人などではなく、21世紀の日本社会の主流をなす人たちなのかもしれない。

ところで日本人は物欲に淡白なだけではなく、収入や所得など金銭欲についても欧米人ほどは欲が深くない。たとえば、日本の企業経営者の報酬額をほぼ同規模の米国の企業と比べると明らかに低い。

やや古いデータだが２０１２年の全米労働総同盟・産業別労働組合会議の調査だと、米国の主要５００社のＣＥＯが２０１１年に受け取った年間報酬総額は平均で１２３０万ドル。これに対して、日本における同時期の一部上場企業の経営者は平均で５０００〜７０００万円前後と推測される。１ドル＝

１００円とすると、ドルベースでの日本の大企業経営者の平均報酬額は50～70万ドルとなり、米国企業の20分の1程度ということになる。

ちなみに２０１１年に米国でもっとも高額な報酬額を受け取ったのはアップル社のティム・クックＣＥＯ。その額はなんと3億７６００万ドル。日本円で４００億円近い。同じ年に日本でもっとも高額な報酬を取ったのは日産自動車のＣＥＯであるカルロスゴーン氏の約10億円だから、クック氏はその40倍である。あのゴーン氏がかわいく思えてくる。

強欲でなく、物欲や金銭欲に淡白なのは日本人の国民性や民族性といえそうだ。

## 世界でも珍しいサービス残業

わが国において、経済の悪化や景気の低迷によって多くの企業で社員のサービス残業が常態化するようになったのは、この10～15年くらいのことだろうか。

このサービス残業なる言葉、インターネット百科事典のウィキペディアによれば「使用者（雇用者）から正規の賃金が支払われない時間外労働の俗称で、不況期には雇用主がその立場を用いて被雇用者（労働者）に強制する場合が増えている。明らかに労働基準法違反であり、使用者がサービス残業の存在を知りつつ放置する行為は刑事罰に当たる」とある。

また、サービス残業の形態は「有形・無形の圧力により労働者に残業申請を行わせないというもので、タイムカードで出退勤管理をしている企業では定時に一旦退勤処理を行わせた後に再び働かせる場合もあり、あたかも従業員が自主的に働いているように見える」とある。そのほかにも「裁量労働制の悪用とか、形式的に管理職に昇進させ、わずかな手当と引き換えに長時間労働と残業手当のカットをするケースなども見受けられる」という。

こうしたサービス残業は、世界的にみると日本にだけみられるもので、ヨーロッパなどではまったく見当たらないという。なぜなら使用者がそんなことを強制したら即労働争議になるし、告訴されれば会社はかならず負けるからだ。労働も雇用も契約で成り立っている社会なので、会社のために社員が無償で働くことなどありえないのだ。

では、なぜ先進国であるはずのわが国において、サービス残業などという違法な、そして理不尽な労働慣行が横行するのだろうか。背景となる要因は大きくふたつあると思う。ひとつは景気の低迷や企業業績の悪化など、経営を巡る環境の変化による影響。もうひとつは日本人固有の心理や国民性によるものだ。とくに後者の要因が強いと思う。経営側からサービス残業の要求が強まると、社員の側もそれをしようがないこととして受け入れてしまうとか、拒否したら会社側に睨まれてリストラなどの対象にされることを恐れるとか、同僚が皆我慢してサービス残業をしているのに、自分だけ定時で帰ると皆から浮き上がってしまうのを嫌がるという心理が働くからだろう。

また、国民性かもしれないが、わが国では仕事の終わりを時間ではなく区切りの良いところとする考え方が一般的という面もありそうだ。会社の大小に関係なく、多くの職場において、たとえ残業をしてでもその日の仕事の区切りをつけてから帰る人が多い。だから不況による経費節減で残業代がなくても、区切りがつくまで仕事をしてしまうのだ。

それにしても仕事への責任感が強く、勤勉で真面目でお人好しな人が多いということなのだろう。さらに、多くの日本のサラリーマンは、総じて仕事を会社との契約にもとづく行為とする認識が希薄であるために、労働者としての権利を強く主張したり、会社側の理不尽な要求や命令を拒否したり、違反があっても告訴するようなことを好まない「いい人」が多いのだと思う。

## 東京大空襲を指揮した将軍に勲一等

東京大空襲は第二次大戦末期の１９４５年の3月10日から5月末にかけて米軍が行った東京をターゲットとした焼夷弾を用いた大規模空襲の総称だ。死者の数は数10万人を超えるといわれている。

なかでも3月10日の東京大空襲の特徴は、第1に目標が軍事関連施設ではなく住宅が密集する東京の下町であったこと、第2に木造住宅が多い下町を効果的に破壊するために爆弾をすべて焼夷弾としたこと、第3に爆撃精度を高め対空砲火による撃墜リスクを低下させるために、夜間に高度1600〜2200メートルの超低空から投下したことなどがあげられる。

当時は少将で、後に米空軍参謀総長となったカーチス・ルメイ将軍により企画・立案・実行されたこの空襲には、米国の誇るB29爆撃機325機が投入され、3月10日の深夜0時7分からの3時間弱に、1783トン、38万1300発の焼夷弾が投下された。

この空襲による被害は、警視庁調べでは死亡者が8万3793名、負傷者が4万918名、被災者100万8005名だが、実際の死亡・行方不明者数は民間団体や新聞社の調査によると10万人以上とされ、単独の空襲の犠牲者数としては史上最多といわれている。

ところが、民間人に対する無差別爆撃あるいは無差別殺戮ともいえるこの空襲を立案実行したルメイ将軍に対して、終戦から19年後の1964年、当時の自民党佐藤内閣はなんと勲一等旭日大綬章を叙勲した。叙勲の表向きの理由は航空自衛隊の育成に尽力したこととされているが、実態は「第二次大戦中の米国の無差別殺戮に謝罪も賠償も要求しないことを形にしろ」との要求が米国側からあったともいわれている。

ところで民間人に対する米軍の無差別殺戮への疑いといえば、広島と長崎に対する原爆攻撃を外すわけにはいかない。

広島市への原爆投下は1945年の8月6日である。原爆はウラン235を使用したウラニウム型を用い、この一発で広島市民はその後の半年間で約12万人が、5年間累計では20万人が亡くなった。さらにこの広島への原爆投下から3日後の8月9日、長崎市にも原爆が投下された。こちらは広島のものとは異なるプルトニウム型で、その後の半年間で市民7万人以上が、5年間累計では約14万人が亡くなった。日本に対する原爆投下の目的が、米国政府のいうように日本の厭戦気分を高めて降伏を早め、米軍の損害を低減させることにあったとしても、それは広島への原爆投下だけで十分達せられたはずだ。それなのになぜ長崎にまで原爆を投下したのか、それは長崎に投下した原爆が広島とは異なるタイプであったことから、もっぱら兵器実験的な意味合いを兼ねて投下されたのではないかと思われる。

こうしてみると客観的にみても、米国のしたことは無差別殺戮に近いと思うのだが、終戦後の日本政府は米国政府に対して何らの謝罪も賠償も求めなかったし、国民も米国を激しく恨んだりはしなかった。それどころか残虐な東京大空襲を企画・立案・実行し、広島への原爆投下にも関与したとされるルメイ将軍に対して叙勲までしたのである。日本人の「いい人」ぶりもきわまれり、である。何という寛大で、お人好しな民族なのだろう。そして過ぎたことは水に流せる民族だということか。

私などは、正直いって日本人は少しお人好し過ぎるのではないかなとも思うのだが、そうした未来に向けての前向きでお人好しな姿勢こそが、真面目で勤勉な国民性と相まって、いったんは焦土と化したわが国を、戦後わずか23年間足らずで世界第2位の経済大国にまで押し上げたのだと思う。

第Ⅲ章

# わが国は150年前も「いい人の国」だった

徳川幕府により200年以上続けられた鎖国政策は、1854年に横浜で米国の東インド艦隊司令長官マシュー・ペリーと日本側全権の林大学頭復斎《はやしだいがくのかみふくさい》とが日米和親条約を調印・締結したことにより、ついに終止符が打たれた。

さらに4年後の1858年、幕府は米国・英国・仏国・ロシア・オランダの5カ国と修好通商条約を締結し、本格的な開国へと踏み出した。以来、欧米各国からは外交官のみならず、軍人、学者、ジャーナリスト、旅行家などさまざまな人間が訪日するようになった。

この章では、主に19世紀後半の幕末から明治半ばまでの間に、日本に一定期間滞在した欧米人が書いた滞在記や旅行記や紀行文を読み込み、彼らの描いた当時の日本人の国民性や慣習、価値観、美徳、いい人ぶりなどを抽出整理した。

また章の最後では、16世紀欧州からキリスト教の布教のために訪れたフランシスコ・ザビエルなどの宣教師たちが感嘆した日本人の国民性、そして数千年前の縄文人の気性などについても触れてみた。

## 1 貧乏人はいるが荒廃した貧困はない

### 喜望峰以東でもっとも優れた民族

ペリーの浦賀来航に先立つこと5年前の1848年、ひとりのカナダ生まれの捕鯨船員が単身小舟で北海道の利尻島に密入国した。彼の名はラナルド・マクドナルド。不法入国者として松前藩に拘束され、取り調べを受けた後に長崎に移送され、市内の寺に収監された。その後、約6カ月間にわたり彼は長崎奉行所属の若手通詞14名に英語を教えたが、翌1849年に出島のオランダ商館経由で米国船に引き渡され帰国した。彼は帰国後に書いた『日本回想記』のなかで自分が教えた14名の通詞について「彼らは並外れて鋭敏であり、かつて私はうぬぼれて『目から鼻に抜けるほどだ』と自負していたが、その私をはるかに凌駕するほどであった。彼らは私の知る限り、生来もっとも賢い国民と言いたい」と絶賛した。

そして1853年、外輪型汽帆船を含む4隻の軍艦を率いて突如浦賀にあらわれた米国海軍の提督マシュー・ペリーは、帰国後にまとめた『日本遠征記』のなかで、モノづくりに関する日本人の潜在能力について「日本は、外国との交流を禁止している排他的な政策（鎖国政策）が緩められれば、すぐにもっとも恵まれた国の水準にまで達するであろう。文明世界の技能を手に入れたならば、日本は将来きっと機械工業の成功を目指す強力な競争国となるだろう」と賞賛し、後の製造業大国への発展を予測した。

また1856年に来日し、初代の米国領事となり、後に初代の米国公使となったタウンゼント・ハリスは、著書『日本滞在記』のなかで日本人を「喜望峰以東でもっとも優れた民族」と称えるとともに「日本国民に、その器用さと勤勉さを行使することを許しさえするならば、日本は遠からずして偉大な、強力な国家となるであろう」と紹介した。

初代英国公使のラザフォード・オールコックも、日本での滞在記『大君の都』のなかで、日本社会および日本人の国民性について「非常に多くの（仏教の）宗派が協調して共存していること、及びイギリス本国よりは大きくはなく、大体同じような地理的位置にある一群の島々に住む約3000万人の国民が、飢えと欠乏をほとんど知らぬという事実」に驚嘆し、「日本人は、地球上の三大地方に住んでいるすべての国民のうち第一級に属し、ヨーロッパ人と比較されるに値する国民である」と評価した。

ちょっと誉めすぎではと思うほどに日本と日本人を絶賛したのは、英国の詩人エドウィン・アーノルド卿である。彼は明治初頭に東京で行われた歓迎晩餐会での挨拶のなかで「日本は地上で天国あるいは極楽に最も近づいている国である。その景色は妖精のように優美で、その美術は絶妙であり、その神のように優しい（国民の）性質はさらに美しく、その魅力的な態度、その礼儀正しさは、謙虚ではあるが卑屈に堕することなく、精巧ではあるが飾ることもない。これこそ日本を、人生を生き甲斐あらしめるほとんどすべてのことにおいて、あらゆる他国より一段と高い地位に置くものである」と絶賛した。

## 都市も住民も中国と比べてどんなに良いか

19世紀後半に日本を訪れた欧米人の多くが、同時期に隣国中国を訪れている。彼らは著書のなかで、しばしば中国社会や中国人との対比を通じて日本社会や日本人の特徴などを記述した。そしてほとんどの場合、日本社会や日本人がいかに優れているか、いかに有能であるかを強調するための比較事例として、中国社会や中国人を紹介したのである。

たとえば、１８５５年から57年まで長崎の徳川幕府海軍伝習所で航海学などを教え、帰国後は母国オランダの海軍大臣を務めたファン・カッテンディーケは、日本赴任中に中国の上海を訪れたことがあった。そのときの印象を著者『長崎海軍伝習所の日々』のなかで「私は支那での滞在中も、あー日本は聖なる国だと幾たび思ったことか。日本は、国も住民も支那に比べればどんなに良いか知れない。だから、二月四日の金曜日に、無事長崎番所付近に上陸して、菜種咲く畔を横切り、山を越え、谷を渡って、幾町かを歩み、再び出島に帰り着いたその節は、本当に幸せだと感じた」と書いた。

また、1858年に日本との修好条約締結のために来日した英国のエルギン卿使節団の一員ローレンス・オリファントも、祖国の母親への手紙のなかで「日本人は私がこれまでに会った中で、もっとも好感の持てる国民です。日本は貧しさや物乞いのない唯一の国です。私はどんな地位にあろうとシナに行くのはごめんですが、日本なら喜んで出かけます」と述べている。

1863年にスイスから修好通商条約締結のために来日したエメ・アンベールは著書『絵で見る幕末日本』のなかで、日本とシナの社会や文化を比較しながら「(日本の社会は)シナの全社会階級の特色である衰亡と病弱の兆候を少しも示していない。シナは、使い古して、腐りかかった建物を思い出させるが、日本では、荒廃もなければ、老衰もなく、常緑の島の新鮮な植物のように、永遠な若さの兆候があり、それを、この幸福な国の住民たちは、世代から世代に伝えているのである」と紹介した。

そして1867年、世界旅行の途中で日本に立ち寄ったフランスの若き伯爵リュドビック・ボーヴォワールは、旅行記『ジャポン1867年』のなかで「ああ、あのように不潔、下品なあのシナを離れて間もない今、どんなに深い喜びの気持ちで日本への挨拶をすることであろうか。ここ(日本)では物みな実に明るく、美しい色調をもって目に映ずるのである。なんという対照であろう。健康を害う沼のどろどろした汚泥からこんこんと湧き出る泉の底の見える冷たい流れへ、死の平原から永遠の緑へ、または石ころを投げ、熊手を振るって我々を殴り殺そうとした民衆からこの地球上で最も温和で礼儀正しい住民へと転換するのである」と日中の比較を記述したのである。

当時の中国は、西欧社会からアジアにおけるもっとも文明化した大国とみなされていた。しかし、実際に日本を訪れ、民度の高さや洗練された文化・芸術に触れた西欧人たちは、この極東のはての中国大陸からさらに海を隔てたその先に、中国に優るとも劣らぬほど洗練された文明国のあることを知ったのである。

## 貧乏人はいるが荒廃した貧困はない

日本を初めて訪れた西欧人たちが驚き、また感心したことのひとつは、当時の日本で社会の最下層に属すると思われる人々の多くが、貧しいにもかかわらず表情は明るく、性格は陽気で、しかも総じて満ち足りて幸せそうな表情をしている点であった。

ハリスやオールコックなどの主要国の外交官や、明治初頭に来日した英国の日本研究者バジル・チェンバレン、あるいは大森貝塚の発見で有名な米国の動物学者エドワード・モースなどは、こうした日本の民衆や下層階級の特徴から、日本にも貧乏人はいるが、その貧しさには非人間的な悲惨さや精神的な荒廃がなく、その点で欧米や他のアジア各国と大きな違いがあると指摘した。

たとえば、チェンバレンは著書『日本事物誌』のなかで「この国のあらゆる社会階級は社会的には比較的平等である。金持ちは高ぶらず、貧乏人は卑下しない。実に、日本には貧乏人は存在するが、貧困なるものは存在しない」と指摘した。

また、英国のオールコックは前述した『大君の都』のなかで、領事赴任後に訪れた神奈川近くの農村で目にした農民の暮らしについて「住民の間には贅沢にふけるとか富を誇示するような余裕はほとんどないにしても、飢餓や窮乏の兆候は見受けられない」と述べ、さらに「あの幕府のノロノロとした役人たちに比べて、このきびきびとして働き、明るい顔で質素な生活を送っている庶民たちのなんと好ましいことか、彼らは上の身分に近づこうなどという野心を起こすこともなく、肥沃な土地と美しい風景に恵まれ、満ち足りた顔をして暮らしている」と紹介した。

後に米国公使となったハリスも『日本滞在記』のなかで、日本での最初の赴任地となった下田からほど近い漁村柿崎の印象を「柿崎は小さくて貧寒な漁村だが、住民の身なりはさっぱりしていて、態度は丁寧である。世界のあらゆる国で貧乏にいつも付き物になっている不潔さというものが少しも見られない」と書いている。

また、米国の動物学者モースは、著書『日本その日その日』のなかで、日本人の善徳や品性について「衣服の簡素、家庭の整理、周囲の清潔、自然及びすべての自然物に対する愛、あっさりして魅力に富む芸術、挙動の礼儀正しさ、他人の感情についての思いやり、これらは恵まれた人々ばかりでなく、最も貧しい人々も持っている特質である」と感嘆した。

この時期、欧米では第二次産業革命が進行し、資本の蓄積と生産の持続的な拡大が進む一方で、社会の階層間における経済的格差はむしろ拡大し、最下層では非人間的で悲惨な貧困化や精神の荒廃が進んでいた。これに対して幕末までのわが国は、徳川幕府の強力な鎖国政策により、産業革命の進展や階層間の経済格差のさらなる拡大、そしてそれらがもたらす貧困層の悲惨化や精神的な荒廃などと無縁でいられたのかもしれない。

明治初頭に日本を訪れたフランスの実業家エミール・ギメが著書『1876ボンジュールかながわ』のなかで「大それた欲望を持たず、競争もせず、穏やかな感覚と慎ましやかな物質的満足感に満ちた生活をなんと上手に組み立てることを知っているのだろう」と指摘したように、何よりも欲張らず、競い合わず、大それた野望を持たず、清貧という概念すら持つ国民性が、貧しさを悲惨で精神の荒廃した貧困としなかったのかもしれない。

## 最下層の人々でさえも礼儀正しい

19世紀後半に日本を訪れた欧米人にとって、日本人の礼儀正しさや洗練された行儀作法は、彼らの想像をはるかに超えたものであった。とりわけ驚嘆したのは、西洋人たちが社会の下層階級とみなした人々の礼儀正しさや行儀の良さであった。

ペリーは、1856年出版の『日本遠征記』のなかで「日本人ほど丁重に礼儀正しくふるまう人間は世界中どこにもいない」と印象を述べた。

また、1867年に日本を訪れたフランス人貴族ボーヴォワールも滞在記のなかで「日本人は地球上で最も礼儀正しい民族であることは確かだ。そしてこうも違うわが母国の方へ思いを移すとき悲しくなる」と祖国との比較を通じて日本人の礼儀正しさを紹介した。

初代英国領事のオールコックは、幕府の役人の対応などに関してはしばしば非常に辛辣で厳しい評価をしたが、日本人の国民性そのものについては著書のなかで「愛想が良くて理知的で礼儀正しい国民であり、その上に上品で、イタリア語と間違えるような一種の柔らかな言葉を話す」と称賛し、「下層階級の人々でさえ、常に大変礼儀正しく、他人の感情と感受性に対する思いやりを持ち、他人の感情を害することを好まない」と感心した。

英国の女性旅行家イザベラ・バードは著書『日本紀行』のなかで「人力車の車夫が私に対しても、また車夫同士でも親切で礼儀正しいおかげで、常に気持ちよく過ごせました。笠とフンドシしかつけていない男たちが丁重に挨拶し合うのを見るのは大変愉快なものです。言葉を交わし合う時には、決まって笠を脱ぎ、また三度深くお辞儀をします」と東北旅行の際に彼女が雇った人力車の車夫たちのマナーの良さをおもしろがった。

同じく英国の海軍将校ジェフソン・エルマーストは滞在記のなかで「日本人は英国人がともすれば想像するような未開の野蛮人であるどころか、外国人に対してだけでなく、自分達お互いに対してもこれほど行儀作法が洗練されている国民は世界のどこにもない。下層階級にあっても、知り合いが街で出会うと、近づく前に二〜三度低く頭を下げ、例のごとく鼻でシュウシュウ音をたてながら挨拶する。別れ際には、お世辞や誰々によろしくと言いながら、同じことがまた繰り返される」と日本人の礼儀正しさを強調した。

また、東京外国語学校のロシア語教師として明治7年から約2年間を東京で過ごしたメーチニコフは、著書『回想の明治維新』のなかで、日本人庶民の礼儀作法について以下のように紹介した。「この国ではどんなに貧しく疲れ切った人足でも、こうした礼儀作法の決まりから外れることがない。しかもこうした作法には、奴隷的なところや追従的なところはまったくなく、それがすべての階級の日本人の相互の関係に、一種独特な文化の匂いを添えている。（中略）こうした礼儀作法のおかげで、わたしは江戸の最も人口の密集した庶民的街区に二年間住んでいたにもかかわらず、口論しあっている日本人の姿をついぞ見かけたことがなかった」と。

## 貧しくても日に一度は風呂に入る

幕末に日本を訪れた欧米人のほとんどが、多くの日本人は毎日風呂に入らずにはいられないほどの風呂好きであり、清潔好きであることに感心した。

１８５６年に領事として下田に赴任したハリスは、すぐに、日本人が大変な風呂好きであること、清潔に強いこだわりを持つ国民であることを知った。彼は著書の滞在記のなかで「日本人は清潔な国民である。誰でも毎日沐浴する。職人、日雇の労働者、あらゆる男女、老若は自分の労働を終わってから毎日入浴する。下田には沢山の公衆浴場があり、料金は銭六文、すなわち1セントの8分の1である」と感心した。もっともそれに続くコメントで「富裕な人々は自宅に湯殿を持っているが、労働者階級は男女、老若とも同じ浴室に入り、全裸になって身体を洗う。私は何事にも間違いのない国民が、どうしてこのような品の悪いことをするのか判断に苦しんでいる」との批判的な感想ももらしている。

英国のオールコックも著書の滞在記のなかで、日本人の清潔への強いこだわりを「一般に日本人は清潔な国民で、人目をおそれずたびたび身体を洗い、身に着けているものはわずかで、風通しの良い家に住み、家は広くて風通しの良い街路に面し、そして街路には不快なものは何物も置くことが許されない。清潔ということにかけて、日本人は他の東洋民族より大いに勝っており、特に中国人には勝っている」と強調した。

ドイツの考古学者ハインリッヒ・シュリーマンは、1865年、清国訪問の後にわが国を訪れた。彼は約1カ月間の日本滞在中に江戸市中や八王子などの郊外を精力的に視察し、見聞したことを『シュリーマン旅行記清国・日本』としてまとめた。そのなかで日本人の風呂好きについて「日本人が世界で一番清潔な国民であることは異論の余地がない。どんなに貧しい人でも少なくとも日に一度は町の至るところにある公衆浴場に通う」と紹介した。さらに彼は、公衆浴場におけるあっけらかんとした男女混浴の様子についても肯定的に「(公衆浴場の様子は) 名詞に男性形、女性形、中性形の区別を持たない日本語が、あたかも日常生活においても実践されているかのようである。夜明けから日暮れまで、禁断の林檎をかじる前の我々の先祖と同じ姿になった老若男女が一緒に湯を使っている。彼らはそれぞれの手桶で湯を汲み、丁寧に体を洗い、また着物を身に着けて出ていく。……『なんという清らかな素朴さだろう』」、初めて公衆浴場の前を通り、30〜40人の全裸の男女を目にした時、わたしはこう叫んだものである」と感嘆した。

フランスの将校スエンソンも著書『江戸幕末滞在記』のなかで、日本人の風呂好きと清潔好きについて「日本人の清潔好きはオランダ人より遥かに発達していて、これは家屋だけでなく、人物一般についても言える。仕事が終わってから公衆浴場に行かないと一日が終わらない。公衆浴場で何時間も湯を浴び、下着を洗って、おしゃべりの欲求も満足させる」と紹介した。

## 進取の気性と旺盛な好奇心

旺盛な好奇心や知識欲、あきれるほど熱心な学習態度、そして新しくて優れたものは積極的に取り入れようとする進取の気性。これらも19世紀後半に日本を訪れた、あるいは日本人と接した欧米人たちが注目した日本人の国民性であった。

マシュー・ペリーは『日本遠征記』のなかで「日本人の並外れた好奇心には驚かされる。我が国の独創的な発明品の数々を展示すると、彼らはあの手この手で飽くなき好奇心を満足させようとした」と感心し、日本人がトンネルや蒸気機関や運河などについて、次から次へと質問を続けたことを紹介した。

英国公使のオールコックも、日本人の職人の進取の気性について「そこ（長崎海軍伝習所付属の鍛造工場）では、ナズミスのハンマーによって工作が整然と行われ、損傷を修理するためのあらゆる必需品が製造されていた。これこそは日本人の進取の気性と器用さを示すズバ抜けたこの上ない証拠であって、かつてこれらのことを企てた中国人を断然引き離している」と指摘している。

フランス大使館の武官スエンソンは、フランスの技術援助で造られた幕府の横須賀造船所でみた日本の職人について、著書の滞在記のなかで、「（職人達は）日本のものよりはるかに優れている道具の使い方をすぐ覚えた。機械類に関する知識も簡単に手に入れて、手順を教えても単なるその真似事では満足せずに自力でどんどんその先の仕事をやってのける」と感嘆した。

１８６２年、幕府は竹内下野守を正使とする遣欧使節団を欧州に派遣したが、ロンドンで産業施設を見学した際のタイムズ紙の記事を紹介したい。日本人一行の好奇心の強さや熱心さは、現地でも随分と評判になったようだ。

記事はウーリッジの王立兵器工場を訪れた際の使節団の様子を「彼等（日本人）のノートはメモやスケッチでいっぱいになっていたが、その様子からは、自国に同種の産業を興す際の参考にするため、十分な手本を入手して帰ろうとしているのが明らかに見て取れた。イギリス人を含めて過去のいかなる訪問者の中にも、これほど尽きることにない興味と熱心さとを一行の全員が見せたグループはかつてなかった」と感心している。

幕末にアジア旅行で日本を訪れたフランスの貴族ボーヴォワールは、幕府の兵器廠の長官で後に函館五稜郭の設計をした武田斐三郎に会った。武田の人物と業績に大いに感動したボーヴォワールは著書の滞在記のなかで、日本人の進取の気性や知識欲について「確かにこの民族には、そのなすことすべてにわたって甚だ興味津々たるものがある。一般の東洋人にとって怠惰と現状維持が常法であるのに反し、日本人にとっては働くことが面白いのだ。彼らは学ぶことを欲しており、西洋文明からの最も完全な孤立の中に、かくも長期間とどまっていたということは、ただ、気力、活気に不撓不屈といった財を積むがためであって、それをもってやがて一挙に東洋の一等国になるであろうと思われる」と記述した。

## 2 陽気で正直で開放的な庶民

### みな陽気で笑いと冗談が大好き

19世紀の後半、幕末から明治中期にかけて日本を訪れた欧米人の多くが共通して指摘したのは、庶民の、それもどちらかといえば社会の底辺に近い人々の陽気さであり、笑い上戸であり、冗談好きであり、そしてまず幸せそうな表情であった。

1858年、日英修好条約締結のために英国から来日したエルギン使節団の一員で海軍軍人のオズボーンは、江戸上陸の当日に目にした町民たちについて著書の航海記のなかで「この街で最も印象的なのは、男も女も子供もみなが幸せで満足そうに見えることだ。不機嫌でむっつりした顔にはひとつも出会わなかった」と感心した。

1860年にプロシア国のオイレンブルグ使節団の一員として来日した画家のベルグも、日本の庶民の印象を「話し合う時は冗談と笑いが興を添える。日本人は生まれつきそういう気質がある」と指摘した。また、1860年代の初めに来日して、その後の15年間を日本で過ごし、横浜で英字新聞『ジャパン・ヘラルド』の編集にも携わった英国人ジャーナリストのジョン・ブラックは、その著書『ヤングジャパン1・2』のなかで日本の庶民について、「彼らの無邪気、素直な親切、むき出しだが不愉快ではない好奇心、自分で楽しんだり、人を楽しませようとする愉快な意思は、我々を気持ち良くした」と紹介した。『スイス領事の見た幕末日本』という手記のなかで「日本人ほど愉快になりやすい人種はほとんどあるまい。良いにせよ、悪いにせよどんな冗談でも笑いこける。そして子供のように、笑い始めたとなると、理由なく笑い続けるのである」と書いたのは1859年に来日し、1864年にはスイス領事となったルドルフ・リンダウだ。

日本における庶民や下層階級のこうした特徴は、明治以降に日本を訪れた欧米人も同様に感じたようだ。

たとえば、オーストリアの元外交官アレクサンダー・ヒューブナーは1871年世界旅行の途中で日本を訪れ、約2カ月半滞在したが、著書『オーストリア外交官の明治維新』のなかで日本人がよく笑う点を「あらゆるものがこの国ではにこやかに笑っている。植物も人間も。駕籠かきの貧しい人々を見てみるがよい。彼らはいつまでも笑い続け、しゃべり続ける」と記述している。

工部大学校の教師として1876年に来日した英国人ウィリアム・ディクソンは、東京で見た群衆について、著書『ザ・ランドオブモーニング』のなかで「つまり上機嫌な様子がゆきわたっているのだ。群衆の間でこれほど目に付くことはない。西洋の都会の群衆に良く見かける心労にひしがれた顔つきなど全く見られない。頭を丸めた老婆から赤子に至るまで、彼ら群衆はにこやかに満ち足りている。彼ら老若男女を見ていると、世の中に悲哀など存在しないかに思われてくる。……人々の愛想の良い物腰ほど外国人の心を打ち、魅了するものはない」と記述した。

## 正直な人間が多く、扉には鍵も不要

幕末から明治にかけて日本を訪れ、あるいは滞在した欧米人たちは、日本人の礼儀正しさや清潔好きなどとともに、社会の治安の良さや人々の正直さにも大いに感心した。

オランダの海軍軍医で、幕末の１８５７年に来日して長崎の医学伝習所でオランダ医学を教えたユハネス・ポンペは、著書『日本滞在見聞記』のなかで長崎の治安の良さについて「自宅のドアに鍵をかけるなど、全く念頭にも浮かばなかった」と述懐している。

英国の船長ヘンリー・ホームズは見聞記『ホームズ船長の冒険』のなかで、１８５９年に初めて長崎を訪れた際に、早朝の庶民の家を断りもなく訪れたときのことを「多くの人々が眠りから覚める前に、わたしは既に街に入っていた。家の中に入るには引き戸を引くだけで良かった。錠も門もかけられていなかった。このように安全に生活できる人々は、実に幸福だと思う」と紹介した。

また、イギリスのエルギン卿使節団の団長秘書であったオリファントは『遣日使節録』のなかで、東京の宿舎となった芝西応寺に滞在中の戸締りや治安について「我々の部屋には錠も鍵もなく、開放されていて、宿所の近辺に群がっている付添いの人達は誰でも侵入できた。また我々は誰でもが欲しくなるようなイギリス製の珍奇な品々をいくつも並べて置いたが、いまだかつて、取るに足らぬような品物でさえも『なくなった』とこぼしたためしがない」と感心している。

英国の地理学者アーサー・クロウは、著書『日本内陸紀行』で、1882年に中山道で目撃した農村や農家の光景を次のように紹介した。「ほとんどの村にはひと気がない。住民は男も女も子供も泥深い田圃に出払っているからだ。住民が鍵もかけず、何らの防犯策も講じずに、一日中家を空けて心配ないのは、彼らの正直さを如実に物語っている」と。

日本人の正直さを何度も紹介しているのは米国の動物学者モースである。滞在記『日本その日、その日』のなかで次のようなエピソードを紹介した。

「人々が正直であることは実に気持ちが良い。私は決して札入れや懐中時計の見張りをしようとしない。錠をかけない部屋の机の上に、私は小銭を置いたままにするのだが、日本人の子供や召使は一日に何十回出入りしても、触ってならぬモノには決して手を触れぬ。私の冬の外套と春の外套をクリーニングするために持って行った召使は、間もなくポケットの一つに小銭が若干入っていたのに気が付いてそれを持ってきたが、また今度はサンフランシスコの乗合馬車の切符を3枚持ってきた。この国の人々も所謂文明人としばらく交わっていると盗みをすることがあるそうだが、内地に入ると不正直というようなことはほとんどなく、条約港においてさえも稀なことである。日本人が正直であることの最も良い実証は、3000万人の国民の住居に錠も鍵も門も、いや錠をかけるべき戸すらも無いことである」と。

## あっけらかんと開放的な人々

さて、幕末から明治にかけて日本を訪れた西欧人は、町民や農民などの日本の庶民はとても開放的で隠しだてをしないことに強い印象を持ったようだ。

英国公使として江戸市民の暮らしを見る機会の多かったオールコックは、滞在記のなかで「全ての店の表は開けっ放しになっていて中が見え、うしろには必ず小さな庭があり、家人達は座ったり、働いたり、遊んだり、手でどんな仕事をしているかということなどを、なんでも見ることができる」と紹介した。また、幕末の江戸に滞在したフランスの将校スエンソンも著書『江戸幕末滞在記』のなかで「日本人の家庭生活は、ほとんどいつでも戸を開けて広げたままで展開される。寒さのために家中を閉めざるを得ない時を除いて、戸も窓も、風通しを良くするために全開される」と記述し、さらに「日常生活の細部に至るまで観察の対象にならないものはない、というよりむしろ日本人は何一つ隠そうとはせず、持ち前の天真爛漫さで、欧米人なら出来るだけ人の目を避けようとする行為さえ、他人の目にさらしてはばからない」と紹介した。

オーストリアの元外交官ヒューブナーも著書のなかで、日本人庶民の隠し立てをしない開放的な性格を「家は通りと中庭の方向に完全に開け放たれている。だから通りを歩けば視線はわけなく家の内側に入り込んでしまう。つまり家庭生活は好奇の目を向ける人に差し出されているわけだ。人々は何も隠さない」と紹介した。

米国人モースは滞在記中で、日本人庶民のあきれるほど開放的な一面を次のようなエピソードで紹介した。「私が昨日横浜からの途中で写生した絵ほど、一般民衆の単純な、そして開放的な性質を良く示すものはあるまい。（暑さのため）私を乗せた車夫が車を止めて仕事着を脱ぐ間、私は夜の燈明がついている神棚をスケッチするために、一軒の家にさまよい入って、その家の婦人が（上半身むき出しで）熟睡し、また乳を飲ませつつあった赤ん坊も熟睡しているのを見た。私は、日本の家が入り込もうとする者にとっては文字通り開けっ放しである事例として、この場面を写生せざるを得なかった」と。

ところで、幕末に来日した欧米人たちが日本人の暮らしを開放的であっけらかんとしていると感じた背景には、身分の上下を問わず、日本人の家には家具調度の類がとても少なかったという点もあったようだ。

米国の初代領事ハリスは日本での滞在記のなかで「日本人の部屋の中には我々が家具と呼ぶようなものは一切ない」とあきれているし、オランダ海軍の軍人カッテンディーケも滞在記で「非常に高貴な人々の館ですら簡素・単純極まりない。すなわち大広間にも備え付けの椅子、机、書棚などの備品が一つもない」と驚いている。前掲のオーストリア人ヒューブナーも著書のなかで江戸の町屋の印象を「家具調度はひとつもないが、畳はきれいだ」と指摘し、フランス人貴族のボーヴォワールも旅行記のなかで「家具と言えば彼らはほとんど何も持たない」と半ばあきれた。

断舎利がブームとなっている今日の日本からは想像もできない。

## 被災時の冷静さと立ち直りの早さ

日本は今も昔も地震国であり、台風国であり、火山国である。木造住宅が密集する江戸はそれに加えて火事の都市でもあった。しかし天災や人災に遭って何もかもを失った人々がいつまでも不幸や不運を嘆いたりせずに、すぐに倒壊した家屋や焼失した店舗の再建に立ち向かう姿は、幕末や明治初期に日本を訪れた外国人たちを驚嘆させ、感心させた。

1855年から米国領事ハリスの通訳として勤務したヘンリー・ヒュースケンは著書『日本日記』のなかで、猛烈な台風に襲われた下田の街と人々の様子を次のように紹介した。「湾内の船はみな岸に打ち上げられ、下田の街はほぼ三分の一が破壊された。翌朝、前夜の破壊の跡を見て回ったが、浜辺には帆柱が散乱し、倒壊した家屋や船の破片がうず高く積まれていた。しかし、日本人の態度には驚いた。泣き声ひとつ聞こえなかった。絶望なんて、とんでもない！　彼らの顔には悲しみの影さえもなかった。

それどころか台風など全く関心がないという様子で、嵐のもたらした損害を修復するのに忙しく働いていた」と。

またフランスの将校スエンソンは、著書のなかで1866年の横浜大火直後の被災者の様子を「(焼け野原となった)日本人区は多忙を極めていた。通りは板、角材の類で埋まり、それを何百人もの大工が鋸で切ったり、鉋をかけたりして忙しく立ち働き、魔法にでもかけられたように次から次ぎへと家が地面から生えて出た。(途中略)日本人はいつに変わらぬ陽気さと暢気さを保っていた。不幸に襲われたことをいつまでも嘆いて時間を無駄にしたりしなかった。持ち物すべてを失ったにもかかわらずだ。被った損害を取り戻すために全精力が集中された。(途中略)日本人の性格中、異彩を放つのが、不幸や廃墟を前にして発揮される勇気と沈着である」と感心した。

1866年に横浜に赴任した英国第9連隊の将校であったR・ジェフソンとE・エルマーストは共著の滞在記のなかで、先のスエンソンも記述した1866年の横浜大火直後の街の再建について「火事が収まって二、三時間も経つとひとつの通りがまるごと再建されるのだ。1866年11月の横浜大火では、こういったふうにひとつの通りがまるまる再建されたが、風向きが急に変わって火が逆もどりし、新しく建った家々を呑みつくしてしまった」とその再建のあまりの速さを驚嘆した。

東京医学校(後の東大医学部)で教鞭をとっていたドイツ人医師のエドウィン・ベルツは1876年

の銀座の大火の後の状況について著書『ベルツの日記』で「日本人とは驚嘆すべき国民である。火災があってから36時間経つか経たぬかに、はや現場では、せいぜい板小屋と称すべきものではあるが、千戸以上の家がまるで地上から生えたように建ち並んでいる」と述べ、さらに「彼等（被災者）の顔には悲しみの跡形もない。まるで何事もなかったかのように、冗談を言ったり笑っている幾多の人々を見た」と驚いている。

また、１８８５年に来日した米国の人文地理学者エリザ・シドモアも著書『シドモア日本紀行』のなかで、大火に見舞われた後の再建の素早さに感嘆して「火災の翌日、煙がまだ立ち上る大地で、大工が熱い石や瓦を元気よく踏みながら、新しい住宅を建て始めます。灰から立ち上がる日本家屋の驚くべき迅速さは、他民族の追随を許しません。大火災後12時間以内に商店主は、焼け落ちた小さな売店で仕事を再開します」と紹介した。

## 3 花好きな大人、純情な娘、行儀のよい子どもたち

### 花が大好きで自然を愛する

英国の園芸学者ロバート・フォーチュンは、著書『幕末日本探訪記』のなかで日本人の花好きについて「日本人の国民性の著しい特色は、下層階級でもみな生来の花好きであるということだ。気晴らしにしじゅう少しばかりの好きな植物を育てて、無上の楽しみにしている。もしも花を愛する国民性が、人間の文化生活の高さを証明するとすれば、日本の低い層の人々はイギリスの同じ階級の人々に比べると、ずっと勝っている」と紹介した。

フォーチュンはまた、江戸の東北部に位置する染井を訪れ、世界に類を見ないほど大規模な植木屋や苗木園がいくつも集積している有様を見て、日本人の花好きや江戸における植木需要の巨大さに驚いたのである。

駐日スイス領事であったリンダウも、１８５９年に川崎から江戸に向かう道すがらの花と緑の農村風景について「そこでは全てが安寧と平和を呼吸していた」と紹介した上で、さらに「今まで私は、これ

ほどまでに自然のさなかに生きる人間の幸せを感じることはなかった」と感嘆した。

プロシアの使節団の団員で画家のベルグは「日本の市民の最大の楽しみは、天気の良い祭日に妻子や親友と一緒に自然の中でのびのびと過ごすことである。墓地や神社の境内や、美しい自然の中にある茶店にも行く」と紹介している。

またフランス公使館の武官スエンソンは、横浜郊外を歩き回った印象を著書の滞在記のなかで「日本人は狂信的な自然崇拝者である。ごく普通の労働者でさえ、お茶を満喫しながら同時に美しい景色をも堪能する。したがって茶店の位置も、目を楽しませるという目的のために、特別の配慮をして選んである」と自然に親しむ日本人を紹介した。

フランス人のボーヴォワールも著書の滞在記のなかで「私は日本人以上に自然の美について敏感な国民を知らない」と感心したし、同じくフランス人で、1867年から翌1877年までの1年間を主に横浜で過ごしたエミール・ギメも、著書の滞在記のなかで「日本人はなんと自然を熱愛しているのだろう。なんと自然の美を利用することを良く知っているのだろう」と感嘆した。

前掲の米国人エリザ・シドモアは、東京や横浜の花の名所を訪れた際に、日本人の花好きや洗練された風流に感心した。著書『日本紀行』では、横浜杉田の梅林を訪れる見物客の様子を「梅の咲くころ杉田はお祭り気分に包まれます。溢れかえる群衆にも拘わらず、万事礼儀正しく穏やかで、しかも秩序だっています。花の咲く木の下、夢想と恍惚に忘我して座り、梅の歌を書き、短冊を枝に結ぶ。この洗練された人々にとって、これ以上の歓喜はありません」と紹介している。

## 純情で優しい娘たち

19世紀、欧米からの旅行者にとって、とりわけ男性の旅行者にとって日本の若い女性はとても魅力的に映ったようだ。

幕末に日本を訪れたプロシアの使節団一行は、江戸郊外の王子を訪問した際に途中染井の植木屋に立ち寄り、お茶の接待を受けた。お茶を出してくれたのはその家の娘であった。彼女について団員のひとりであったベルクは滞在記で「彼女は稀にみる品格と愛嬌のある女性で、我々が来た時は質素な普段着で園芸の仕事をしていたが、仕事を中断して我々にお茶を出してくれた。控えめでしかも親切な物腰に我々の一行はみな魅せられた」と書き、団長のオイレンブルクも「この若い女性は私達が話しかけるといつも愛らしく顔を赤らめるので、彼女にはたちまちわたし達一行の若い人々が心を奪われた」と書き残した。

オーストリーの元外交官ヒューブナーも著書『オーストリー外交官の明治維新』のなかで、日本の若い女性について「彼女達は陽気で純朴にして淑やか、生まれつき気品にあふれている。しかも彼女らは極めて人懐っこい」と称賛した。

明治初頭にフランスの実業家エミール・ギメとともに来日した画家のレガメは、弟フレデリックに出した手紙で、日本で泊まった旅館の女中さんについて「旅館では、お客におじぎをし、鳥の囀りのような歓迎の言葉で迎える可愛い女中さん達がいる。入ると靴を脱ぎ、最後の靴下まで脱ぐと、女中さん達が足を洗ってくれる。その娘達が軽い布のだぶだぶした羽織るものの袖に腕を通すのを手伝ってくれる。（中略）食事中に娘達は給仕を中止して扇いでくれる。まさに彼女達にやってもらう至上のこと」とその嬉しさを書き連ねた。

時代はやや下るが、明治30年代に日本を訪れた英国人写真家のハーバート・ポンティングは、手記『英国人写真家の見た日本』のなかで、取材のために訪れた愛媛県松山市のロシア人捕虜のための病院の日本人看護婦について「その優しい心遣い、病院の中を妖精のように素早く動き回る優雅な動作、病人の希望にすぐ応じられるような絶え間ない心配り、疲れを知らぬ気力と献身、その忍耐と熱意、患者に対する丁寧な態度、包帯を洗って交換する優しい介抱ぶり、こういったものすべてが、日本の婦人は世界のどこの婦人達にも負けない女性としての最高の美徳に溢れていることを示している」と絶賛した。

ところで、西欧人たちの日本女性に対する高い評価は、何もかわいくて優しい気立てや外見についてだけではない。その教養や知識の高さにもおよんでいる。

米国のペリー提督は、遠征記のなかで「日本の婦人は中国の婦人と異なって、男と同じく知識が進歩しているし、女性独特の芸事にも熟達しているばかりでなく、日本固有の文学に通じていることもしばしばである」と感心した。

## 可愛くて行儀のよい子どもたち

19世紀後半に訪日した欧米人の多くが、日本の子どもたちの明るさ、純情さ、そして躾や行儀の良さに感心した。また、前述したように未婚の女性の優しさやかわいさも強く印象づけられたようだ。こうした子どもたちや娘たちのイメージが、日本人全体のイメージの底上げにつながったような気がする。

神奈川のオランダ領事館で副領事をしていたホルスブルックは、著書の『ホルスブルックの日本報告1857～1870』のなかで、日本の子どもの躾の良さや行儀の良さを「私は毎週3回中庭を開いて子供達を遊ばせたり、持ってきたおもちゃを貸してやったが、あんなに行儀が良く躾の良い子供達は見たことがない。子供達は喧嘩したり、叫んだりすることなくおとなしく遊び、帰る時間になるとおもちゃをきちんと片づけて、何度も丁寧にお礼を言って帰るのだ」と感心して紹介した。

また、スイス領事リンダウも著書『スイス領事のみた幕末日本』のなかで、長崎郊外の農村での子どもたちとの温かな思い出を次のように懐かしんでいる。「小さな女の子がたまに私の髪の毛に触って、笑いながら同時に恥ずかしそうに逃げ出していくこともあった。子供達にいくつかの金属製のボタンを与えると、『大変ありがとう』と皆そろって何度も繰り返してお礼を言う。そして膝まずいて可愛い頭を下げて優しく微笑むのだが、社会の下の方の階層で、そんな態度の子供達に出会って全く驚いた次第である。私が遠ざかっていくと、道の外れまで見送ってくれて、ほとんど見えなくなってもまだ『さよなら、また明日』と私に叫んでいる、あの子供達のこもった声が聞こえるのであった」と。

英国の女性旅行家のイザベラ・バードは、旅行記のなかで、東北旅行で出会った子どもたちのことを「私は日本の子供達が大好きです。赤ちゃんの泣き声は一度も耳にしたことがありませんし、うるさい子供や聞き分けのない子供は一人も見たことがありません。子供の孝行心は日本の美徳の筆頭で、無条件服従は何世紀も続いてきた習慣なのです」と感心している。

親日家の動物学者モースは著書の滞在記のなかで「日本人は確かに児童問題を解決している。日本人の子供ほど行儀が良くて親切な子供はいない。そして日本人の母親ほど辛抱強く愛情に富み、子供に尽くす母親はいない」と紹介した。

英国の作家で詩人のアーノルドは著書『ヤポニカ』のなかで、農村を訪ねたときに出会った子どもたちの様子を次のようにほほえましく紹介した。「弟や妹を背負った子供達が頭を下げて『おはよう』と陽気で心のこもった挨拶をすると、背中の赤児もちっぽけなアーモンドのような目をまばたいて、小さな頭をがくがくさせ、『はよ、はよ』と通り過ぎる旅人に片言を言う」と。

後に東京大学教授となった日本研究家のチェンバレンは著書『日本事物誌』のなかで「日本人の生活の絵のような美しさを大いに増しているのは、子供達のかわいらしい行儀作法と元気な遊戯である。赤ん坊はふつうとても善良なので、日本を天国にするために大人を助けているほどだ」と記述している。

## 庶民の子どもでも読み書きができる

幕末から明治にかけてわが国を訪れた欧米人の多くが一様に驚いたのは、一般庶民の子供たちの就学率や識字率の高さだったという。

スーザン・B・ハンレーの研究によれば、当時、武士は各藩の藩校で、また庶民は寺子屋で学んだが、19世紀の半ばすなわち幕末の江戸における就学率はなんと80パーセント近くに達していたという。また識字率に関しても、武士は１００パーセント、町人など庶民は全国ベースで49～54パーセント、江戸の庶民で70～80パーセント、江戸の中心部に限定すれば90パーセントに達していたようで、間違いなく世界一であったらしい。

ちなみに19世紀半ばのヴィクトリア時代のイギリスでさえ、ロンドンの下層階級の識字率は10パーセント程度で、イギリスの大工業都市でさえ就学率は20〜25パーセントだったというから、日本の庶民の就学率や識字率の高さは群を抜いていた。

1853年に突如日本を訪れたマシュー・ペリーも著書の遠征記のなかで「読み書きが普及していて、見聞を得ることに熱心である」と日本人の識字率の高さを指摘している。

江戸時代に寺子屋に通ったのは主に6歳から12・13歳までの子どもたちだ。教育内容は読書、算盤などの実用教育で、日課の大半は習字だった。習字の学習はたんに文字を上手に書くことではなく、習字を通して物を読むことを教え、書くことと読むことを一体として教えていた。ちなみに寺子屋の教師には、数は少ないが女性教師もいたようだ。

1863年に条約締結のために来日したスイスのエメ・アンベールは、絵の才能を生かして日本滞在中に見たり体験したことを『絵で見る幕末日本』という書物にまとめた。そのなかで、寺子屋の様子を絵画で紹介するとともに、そこでの教育内容の深さに感嘆して次のように記述している。「私は、半ダースほどの男の子が、師匠の周囲に座って授業を受けているのを見たことがある。彼らは文字の意味を知ろうとして、何度もそれを口に出して唱えていた。母音と子音には分類していないが、日本語の音声を四つの節に分けているアルファベットの一種『イロハニ……』を繰り返しているとのことだった。その数は48だが、それを文法的に配列せず、小さな詩の形にしているのである」と寺子屋での教育内容を紹介した上で、この詩についても解説した。すなわち、詩の全文が「色は匂へど　散りぬるを　我が世誰そ　常ならむ　有為の奥山　今日超えて　浅き夢見じ　酔ひもぜず　ん」であると紹介し、それが「色も香いも消えていく。われわれの世界において何か永久的なものがありえるだろうか。今日の日は虚無の深淵のなかに消滅していき、そのはかなさは夢のようだ。それは微細な不安すら残さなかった」という詩であり、そのような日本人の人生観や社会観を読んだ哲学的な詩を、何百万人という庶民階級の子どもたちが毎日繰り返し諳んじているという事実に驚嘆したのである。

## 4 もっと昔から「いい人の国」だった

### 異教徒のなかではもっとも優れた人々

19世紀の半ば、欧米各国から日本にやってきた外交官や学者たちは、はるか極東のはての島国に、自分たちとは明らかに異なるが、洗練され、成熟した別種の文明があることを知り、驚き、感心した。しかし同様な驚きは、幕末からさらに300年近くさかのぼった16世紀の半ば、安土桃山の時代にキリスト教の布教目的でわが国を訪れたスペイン人やポルトガル人やイタリア人宣教師たちの滞在記にも記されていた。

また、鎖国下の江戸時代に長崎出島のオランダ商館付きの医官として赴任したドイツ人やスウェーデン人の医師たちも、滞在中に体験した江戸への参府の随行記などのなかで、当時の日本の社会や国民性について感心や驚きを紹介している。

1549年、欧米人として最初にわが国を訪れ、キリスト教の布教を行ったのは、スペインの宣教師でイエズス会の創設メンバーでもあったフランシスコ・ザビエルである。

ザビエルは日本滞在中に、多くの手紙をスペイン本国やイエズス会インド管区宛てに書いた。そのなかで「人々は今までに発見された中でも最高で、日本人より優れている人々は異教徒の間では見つけられないでしょう。彼らは親しみやすく、総じて善良で、悪意がありません」と述べ、さらに「大部分の人は読み書きが出来るので、祈りや教理を短時間に学ぶのにたいそう役立ちます」と紹介した。

1570年に来日し、明るさと魅力的な人柄で多くの日本人を魅了したといわれるイタリア人宣教師グネツキ・オルガンチノは、1577年にゴア在住の知人への手紙のなかで「この国民は野蛮でないことはご記憶いただきたい。私達は賢明に見えるが、彼等（日本人）と比較すると甚だ野蛮であると思う。私は、真実、毎日日本人から教えられることを白状する。私は、世界でこれほど天賦の才能を持つ国民はないと思われる」と絶賛した。

また、１５７９年に来日したイタリア人宣教師ヴァリニャーノは『日本巡察記』のなかで「人々は色白く、極めて礼儀正しい。一般庶民や労働者でもその社会では驚嘆すべき礼節を持って上品に育てられ、あたかも宮廷の使用人のように見受けられる。この点に置いては東洋の他の諸民族のみならず、我等ヨーロッパ人よりも優れている」と記述した。

鎖国実施から約50年後の１６９０年にオランダ商館付きの医官として赴任し、約2年間を長崎出島で過ごし、その間に2回の江戸参府を経験して徳川綱吉にも謁見したドイツ人医師エンゲルベルト・ケンペルは、著書『日本誌』のなかで日本人の礼儀正しさを「世界中のいかなる国民でも、礼儀という点で日本人に勝るものはない。のみならず彼らの行状は、身分の低い百姓から身分の高い大名に至るまで大変礼儀正しい。よって我々はこの国全体を、礼儀作法を教える高等学校と呼んでもよかろう」と書いている。

## はるか昔から「盗みを嫌う民族」として紹介

日本人は、はるか昔から盗みを嫌う民族として知られていたようだ。中国の正史で、西暦250年～300年頃のわが国の邪馬台国や卑弥呼のことや、習俗・地理などを記した『魏志倭人伝』には、日本人の特徴として「女は慎み深く嫉妬しない」「盗みはなく訴訟も少ない」との記述がある。日本人は盗みをしない民族であることが、当時から中国には知られていたようだ。

また、隋と唐の時代に生きた魏徴《ぎちょう》（580～643年）が著した正史である『隋書』のなかで、日本について紹介した『東夷伝第81巻倭国』（隋書倭国伝ともいう）にも「人頗恬静、罕争訟、少盗賊……」、すなわち「人はすこぶる物静かで争い事や盗賊も少なく、……」という記述があり、日本人は盗みをしない民族であると書かれている。

時代は下って16世紀。1549年11月、スペインの宣教師ザビエルは無事に鹿児島に到着したことをイエズス会本部に手紙で知らせた。そのなかで、ザビエルは日本人の盗みを嫌う国民性を「日本では窃盗はきわめて稀です。死刑を持って処刑されるからです。私がこれまでに会った国民の中で、キリスト教徒にしろ、異教徒にしろ、日本人ほど盗みを嫌う者に会った覚えはありません」と紹介した。

同じくイエズス会の宣教師として35年間の長きにわたり日本に滞在し、1597年に長崎で生涯を終えたポルトガル人のルイス・フロイスも著書『ヨーロッパ文化と日本文化』のなかで「われわれ（西欧人）の間では窃盗をしても、それが相当の金額でなければ殺されることはない。しかし日本ではごくわずかな額でも、事由のいかんを問わず殺される」と紹介し、日本では盗みがいかに嫌われているのかを強調した。

そして18世紀。長崎出島の医官でスウェーデン人のツュンベリーも著書『江戸参府随行記』のなかで「正直と忠実は、国中に見られる。そしてこの国ほど盗みの少ない国はほとんどないだろう。強奪は全くない。窃盗はごく稀に耳にするだけである。それでヨーロッパ人は江戸の幕府への旅の間も、まったく安心して自分が携帯している荷物にはほとんど注意を払わない」と感心した。

こうした盗みの少ない社会が形成された背景には、ザビエルが指摘した日本人が何よりも名誉を重んじ、貧しさを必ずしも恥とは考えないという点に加えて、ツュンベリーが指摘した日本人の節約志向という点もありそうだ。ツュンベリーは日本人が節約に大変熱心で、それは将軍も例外ではなかったとして、節約の効果を「節約によって、貧しい者には自分の所有するわずかな物で満足を与え、富める者にはその富を度外れに派手に浪費させせない」と解説した。また「節約のおかげで、他の国々に見られる飢餓や物価暴騰と称する現象は見られず、またこんなにも人口の多い国でありながら、どこにも生活困窮者や乞食が殆んどいない」と紹介した。節約のせいで悲惨な貧困層が生まれにくく、そういう社会環境が盗みを減らしていると分析したのだ。

## 縄文時代から「いい人の国」だった

日本人の気質や国民性のなかには、どうやら数千年前の縄文時代から遺伝的に受け継がれてきたものもあるようだ。

遺伝学の最近の研究成果によると、日本人は外見的には東アジアの中国人や朝鮮系の人たちとよく似ているが、ＤＮＡを調べてみると大陸系とは明らかな違いがあるという。国立遺伝学研究所や国立博物館の研究によれば、人間の男性にだけあるＹ染色体を調べた結果、日本人には中国人や韓国人にはまったくない染色体の持主が約30《パーセント》含まれていることがわかったそうだ。そして、この染色体と同じ染色体を持つのが実は縄文時代の日本人なのだという。それは、貝塚などから発掘された縄文人の歯のＤＮＡを分析し、その分析データと現代の日本人のＤＮＡの解析結果を比較した結果、判明したことらしい。

また最近の調査によると、縄文時代はどうやら従来考えられていたよりもはるかに開けた固有の文化や文明のある時代でもあったようだ。研究者によって多少見方は異なるが、年代としては、今からほぼ３０００年前～２万年前までの１万７０００年間ないし１万８０００年間という非常に長い時代である。

縄文時代は晩期に一部で稲作なども行われたようだが、自然からの採集生活が基本の時代である。この時期の日本は生態系が非常に豊かで、陸域では多様な木の実などが、海浜ではさまざまな魚貝が採集されたらしい。また、東日本以北の河川にはサケやマスが遡上するなど世界一豊かな採集の地であったという。

縄文時代の遺跡は全国各地に点在し、貝塚だけでも2500カ所以上が確認されている。福井県若狭町の鳥浜貝塚などが有名である。それらの遺跡からは実にさまざまな出土品が見つかっている。これらの出土品から、当時の人々の暮らしや生活文化などがしだいに明らかになってきた。たとえば縄文時代の出土品には、いわゆる武器の類がまったくないという。また、国内各地の遺跡で発見された人骨を調べても、諸外国ではよくある矢が突き刺さった跡のある頭蓋骨とか、肋骨に槍で刺された跡や刃跡が残っているなどの例がごくわずかしかないらしい。岡山大学の松本直子教授や山口大学の中尾央助教授らの共同研究グループの調査結果によると、縄文時代のわが国の暴力による死亡率は1・8パーセントに過ぎず、さまざまな地域、時代の狩猟採集文化での暴力死亡率10数パーセントに比べて断然低いという。

これらの事実から、縄文時代の日本は採集生活をする者にとって大変豊かな土地で、それがゆえに、縄文人は全般的に戦いや争いよりも平和を好む、おおらかで温かな性格で、自己を抑制して他人を思いやる「いい人たち」でもあったようだ。

現代の日本が「いい人の国」であることの歴史的な背景には、もしかすると数千年前の縄文人のDNAにまで遡るものがあるのかもしれない。

第Ⅳ章

# 「いい人の国」の21世紀

わが国にとって、21世紀はかなり多難な世紀となりそうだ。世紀の半ばまでを展望しても、国内では少子化と超高齢化の同時進行、生産年齢人口の減少による労働力不足、経済成長の鈍化や格差の拡大による社会の貧乏化などが進みそうだ。また2009年に減少モードに転じた国内人口は、長期にわたり減少が続く可能性が大だ。そして、人口減少や労働力不足を解消するために、政府は海外からの移民や労働者の受け入れを本格化させるだろう。

一方、目を世界に転ずれば、世界人口は現在の70億人が世紀後半には100億人へと増加して、世界の水や食料の需給を逼迫化させる可能性がある。その影響は当然日本にも及ぶ。

この章では、まずは21世紀の日本社会の強みを、次いで日本社会の懸念材料を考察した上で、世界的にも珍しい「いい人の国」という社会を維持するための方策を検討し、最後に今後の国づくりについて、基本的な考え方や方向性を私案としてまとめた。

## 1 「いい人の国」は日本社会の強み

### 徐々に薄らぐモノづくり国家という強み

これまで「日本人の得意や日本の強みは」と聞かれて、多くの日本人がすぐに頭に浮かぶのは、モノづくりに象徴される製造業の強さであったろう。手先の器用さ、細部へのこだわり、勤勉さ、清潔好き、仕事への責任感などの国民性、そして上質な若年・壮年の労働力が、20世紀の大半を通じてわが国の製造業を飛躍的に発展させ、日本経済の成長と発展を牽引してきたからだ。

ところで、横澤利昌編著『老舗企業の研究』によれば、個人商店や小規模な零細企業まで含めると、わが国には創業100年以上の企業が約10万社あると推測され、うち4万5000社が製造業だという。これに創業が7世紀という金剛組（大阪府）のような建設業の企業まで含めると、老舗企業の半数以上はモノづくり系と推測される。

歴史的に、日本人がいかにモノづくりを得意としたのかは、たとえば1543年に種子島に伝来した火縄銃のその後の生産・流通状況にもあらわれている。当時の領主であった種子島時尭は、船が難破して漂来したポルトガル人から2丁の火縄銃を2000両で買ったとされる。それからわずか2年後、時尭は領内の刀鍛冶に命じて数十丁の国産火縄銃を完成させた。その後、火縄銃の生産地は近江国友や和泉堺など関西圏へと移り、16世紀末期には50万丁の国産銃が国内各地に出回り、日本は世界最大の火縄銃保有国となった。

わが国が鉄砲伝来からわずか50年足らずで世界最大の火縄銃保有国になれたのは、以前からモノづくりを得意とし、職人を大切にする文化や思想があったからだ。そして今日にいたるまで、そうした職人文化や技術屋を大切にする思想は連綿と受け継がれ、20世紀後半の一時期、わが国の製造業は世界最強の競争力を持つに至った。

このようにモノづくりは日本人が歴史的・伝統的に得意とし、強みとする仕事であり分野である。よって、当分は日本の強みであり続けるだろう。しかし、21世紀も半ば近くになると、モノづくりの、すなわち製造業における製品製造の主役は、しだいに高度に進化した人工知能および、それに制御されるロボットや自動機へと置き換わり、人間が関与する余地や役割も小さくなっていくのではないだろうか。

これまで日本がモノづくり強国であった最大の要因は、モノづくりに従事する人材の質の高さにあったことから、ロボット活用や人工知能活用の進展は、モノづくり国家としての日本の強みや存在価値を徐々に弱め、低下させていく可能性を有している。

ただし、ひと口にモノづくりや製造業といっても、製品も業種も多種多様なので、21世紀の後半になっても、すべての製品や業種で、日本が生産拠点としての優位性を失うわけではないだろう。けれども、モノづくり全般や製造業全体という括りで見れば、かつての20世紀におけるような製造業大国やモノづくり強国ではなくなるのは間違いないだろう。

## 21世紀日本の強みは「いい人の国」

モノづくり以外で21世紀の日本国の強みとなるようなものは何かあるだろうか。私は、世界に類を見ない「いい人の国」という社会やそれが産み出すソフトパワーこそが、21世紀日本の強みになると考えている。

すなわち、礼儀正しいとか、誰も見ていなくても悪いことをしないとか、時間に正確とか、清潔好きとか、他人に迷惑をかけないとか、強欲でないなどの気質や気性や性分である。

訪日した中国人がしばしばブログなどで、「いくらGDPで日本を抜いても、軍事力で日本を凌駕圧倒しても、超高層ビルの数で日本を上回っても、まだまだ日本にはかなわないし、自分たちは先進国ではない」とうらやむのは、彼らの言葉でいえば、素養の高さや民度の高さという点で、依然として日本人は中国人のはるか先を行っていると彼らが感じるからだろう。しかも日本人のこうした民度の高さやモラルの高さは、中国人だけでなく、欧米や中国以外のアジア各国からの訪日外国人もしばしば指摘する日本人および日本社会の特徴であり、美点であり、長所でもある。

さらに、移民問題や宗教対立などがら、世界各地で国家間や民族間の対立や紛争がますます増えそうな21世紀の国際社会にあって、日本の民度やモラルの高さ、あるいは安全で平穏で秩序ある社会は一層存在価値を高め、輝きを増すのではなかろうか。

それゆえに、民度やモラルの高い「いい人の国」という社会状況を、21世紀日本の強みや優位性として積極的に位置づけて、国づくりを進めるべきだと思う。

ところで日本社会の大きな特徴は、江戸の昔から、国民の民度やモラルの高さ、あるいは礼儀正しさなどを、一部のエリート層や上流階級のみならず、すべての国民各層に当てはまる点にある。

たとえば日本の鉄道の運行時間が非常に正確で、駅舎や車内がとても清潔なのは、実際に列車の運行を担う運転手や車掌、保線区で補修業務などを担当する保線区員、車内清掃の作業員などの現場要員のやる気、勤勉さ、真面目さ、責任感などが、非常に高いからである。また、時給1000円前後のパートやアルバイトの女性たちが担当している、スーパーのレジ係の仕事ぶりもそうだ。みな真面目で、勤労意欲が高く、愛想も良くて、接客態度がしっかりしている。正社員でもないパートやアルバイト店員たちが、こんなにも高い勤労意欲と旺盛なサービス精神で真面目に働く国なんて、世界広しといえども日本以外にはまずないだろう。

こうしてみると、日本は庶民や一般大衆、あるいは、職場の最前線で働いている人々の高い民度やモラルで支えられており、それこそが日本の強みや優位性のコアなのかもしれない。

こうした強みは、21世紀日本の成長産業として期待されるインバウンド型の観光産業や、医療サービスや教育産業などの対個人サービス系の事業において、強力な国際競争力の源泉となるに違いない。

## 世界的に見ても優秀な科学者たち

ＯＥＣＤが加盟24カ国の15~65歳のスキルを把握するために行った「２０１３年国際成人力調査」の結果が一昨年発表された。日本人は調査対象となった３つのスキル、すなわち読解力、数的な思考力、ＩＴを活用した問題解決能力の平均で24カ国中、第1位となり、とくに読解力や数的な思考力では断トツの1位となった。日本人はいわゆるＩＱ的な頭の良さに関しても、主要国のなかで、それなりに優れているのかもしれない。

事実、２０１５年のノーベル賞では、２人の日本人研究者が生理学・医学賞と物理学賞をそれぞれ受賞した。これで日本人の受賞者は合計で22人となった。うち19人が物理学、化学、生理学・医学などの自然科学分野で、2人が文学、1人が平和活動での受賞である。なお、受賞者数に現在は米国籍となった2人を加えると受賞者総数は24人となる。

ところで第1回の1901年から2015年までのノーベル賞受賞者について、国別の上位5カ国をみると1位が米国の339人、2位が英国の110人、3位がドイツの82人、4位がフランスの58人、5位がスウェーデンの32人である。日本は22人と第7位に位置し、アジアでは断トツの1位だ。日本は第二次大戦前からすでに北里柴三郎、野口英世、志賀潔、鈴木梅三郎、長岡半太郎、本多光太郎など何人もの科学者や研究者がノーベル賞の候補になったといわれる。

また、自然科学分野でノーベル賞に準じるとされるいくつかの国際賞でも日本人は欧米人に混じって多数の受賞者を出している。日本人がこれまでに5人以上受賞した賞にかぎっても、科学技術分野のフランクリンメダルが8人、物理学分野のJJサクライ賞が6人、工学分野のチャールズスタークドレイパー賞が5人、医学分野のコッホ賞が7人、同じく医学分野のラスカー賞が7人、同じく医学分野のガードナー賞が9人、化学・芸術分野のウルフ賞が10人、建築分野のプリツカー賞が7人で、いずれもアジアでは最多である。

こうした優秀な人的資源の存在は日本国の強みといえる。もしこうした人的資源に恵まれなかったならば、エネルギー資源も鉱物資源もろくになく、農業大国でもないわが国が経済大国や先進国として名を連ねることはなかっただろう。

また、今後長期にわたり少子化が続いたならば、こうした優秀な人的資源もやがては枯渇化しかねない。それゆえに少子化問題の解消は日本人にとっての最重要な課題なのである。モノづくりより人づくり、人づくりより子づくり、それこそは21世紀日本の一番の重要課題だと思う。

## ガラパゴス的社会だから魅力がある

わが国における初代英国公使となったラザフォード・オールコックは、滞在記『大君の都』のなかで、日本の文化や習慣について次のように書いた。

「彼等（日本人）は上から下へ、右から左へと横文字の代わりに縦文字を書き、その書物は我々の書物が終わるページから始まっている。彼らの鍵はヨーロッパのそれを模倣したものであるが、全部左から右に回してかけられるように作られている。すべての地上の事物の過程が反対になっているようだ。（中略）歳をとった者が凧揚げをして子供達がそれを眺めている。大工は鉋を自分の手元に引いて使う。仕立屋は自分の手元から縫っていく。馬に乗る時は右側から乗る。馬小屋の中に立っている馬の頭は我々の世界では尾があるはずのところにある。婦人は歯を白く保つどころか真っ黒にしている」と。オールコックは世界各地の文化や風俗を知っているプロの外交官だ。その彼から見ても、日本の文化や習慣は世界のどことも違う異質なものと映ったようだ。以前、評論家の竹村健一氏は「日本の常識は世界の非常識」といったが、そもそも150年以上も前から日本の常識は世界の非常識だったのだ。

最近流行の言葉だと、日本はガラパゴス的進化を遂げた文化ないしは文明の国といえるのではないか。ガラパゴス化という言葉は、携帯電話や軽自動車などの日本独自の技術進化や機能進化を遂げた工業製品について、世界の潮流やスタンダードから大きく外れて独自の進化を遂げたといった感じで、やや揶揄する感じで使われる場合が多い。

しかし、東日本大震災後の被災地で略奪行為や暴動がまったく起きなかったこととか、津波で流された何百という金庫が警察経由で持ち主に返されて世界を驚かせたこととか、街や道で落とした財布がしばしば警察に届けられて持ち主に戻るとか、無人の野菜販売所が成立していることなどを考えると、日本の社会や国民の精神文化そのものが、実は良い意味でガラパゴス化しているように思えてくる。

四方を海に囲まれ、外敵に領土を侵された経験もほとんどなく、生物学的にいえば1400年以上にわたって外来種との混合がほとんどない国家として成長してきた。それゆえに、文化も価値観も国民性も社会も世界とはちょっと異質で独自の進化を遂げたのだろう。

21世紀のわが国は観光立国や文化立国を目指すべきだが、その際に日本社会のこうしたガラパゴス的な特徴や個性は大きな魅力や強みになるに違いない。海外の人たちにとっては、文化、風俗、生活習慣、価値観、街景観などが自分たちのそれとは大きく異なるからこそ、はるばる観光に来る価値と楽しさがあるのだ。

すなわち、このガラパゴス的な〝日本のジョーシキ〟こそが素晴らしい観光資源や魅力になるということをもっと自覚しても良いのではないかと思う。

## 2 「いい人の国」の社会が劣化する懸念

### 格差の拡大と階層の固定化

1990年代の半ば頃から、わが国でも収入や資産など経済的格差の拡大が社会問題として注目されはじめた。さらに1990年代の末頃からは、パート、派遣社員、契約社員などのいわゆる非正規雇用の労働者の活用が急速に進み、正規雇用従業員と非正規雇用従業員の賃金格差や処遇格差が問題視されるようになった。その後21世紀になり、産業分野での規制緩和や官業の民営化が積極的に実施され、競争原理主義的な産業政策や労働政策が推進された結果、企業や生活者を「勝ち組」と「負け組」に区別するような社会風潮が強まり、明確に格差社会となってきた感がある。

こうした経済的格差は、欧米や中国などでは日本以上にある。欧米や中国における格差の拡大は最上位の階層の収入や富が飛び抜けて増加する「上離れ」型であるのに対して、日本の場合は低所得層の収入がさらに低く落ち込む「底抜け」型であるといわれる。

わが国では21世紀の半ばに向かって、経済格差の拡大はさらに進行する可能性がある。競争を通じた生存組と淘汰組の選別は世界の潮流だし、さまざまな分野で規制緩和が進み、競争はより熾烈な優勝劣敗型・適者生存型になると思われる。

ところで、格差の拡大が引き起こす本質的問題はふたつあると思う。ひとつは、日本では格差の拡大が底抜け型で進むために、中流以下の層もそれに引っ張られてしだいに貧乏化し、やがては社会の大多数が貧者になる可能性だ。もうひとつは、階層間の流動性の低下や階層の固定化という問題だ。典型的な例がいったん派遣社員などの非正規雇用の階層に属してしまうと、そこから正規雇用の階層へと移動することが著しく困難になるという状況だ。正規雇用者に比べて非正規雇用者は、賃金など所得面で冷遇されるし、身分も不安定であるために、多くの非正規雇用者が正規雇用者になることを望んでいる。にもかかわらず、そうした願望がほとんど叶わないとなれば、将来に夢や希望も持てなくなり、投げやりになって、勤勉さや公共道徳心などが薄らいでしまう可能性がある。

こうした階層間移動の流動性の低下や階層の固定化が長期間続くならば、若くして非正規雇用となった労働者がそのまま中年や熟年を迎えるケースも増え、収入や勤労意欲の低下などの現象が現役世代全体へと広がる可能性もある。そうなると、いたるところいい人だったはずの日本社会はじわじわと劣化し、変質してしまうだろう。

将来に対して夢も希望も持てない人が増え続けるという事態は、「いい人の国」という社会環境の維持や存続にとって、もっとも避けたい事態である。階層間移動の流動性を高め、階層の固定化を防ぐための強力な施策・仕組みが望まれる。

## 少子化がもたらす3つの問題

少子化とは出生率の低下にともない、総人口に占める子どもの数が少なくなることだ。専門的には合計特殊出生率（女性が一生の間に産む子どもの数）が人口置換水準（長期的に人口が増減しない水準）

である2・08に達しない状態が続くことと定義される。

第二次大戦後間もない1950年に3・65だったわが国の合計特殊出生率は、その後低下が続き、2010年には1・39にまで落ち込み、2013年に少し持ち直して1・43になった。それにともない、出生数も1950年の234万人が2010年には107万人にまで減少した。

ところで少子化はなぜ問題なのか。その答えはいろいろとあるが、私が問題視するのは次の3点だ。ひとつ目は人口の長期的減少に歯止めがかからなくなること。少子化が超長期にわたり続けば、今世紀末の人口は5000万人以下に減る可能性がある。さらにそうした状態が22世紀以降も続けば「日本民族はいずれ絶滅してしまうのでないか」との不安が頭をよぎるからだ。

ふたつ目は地方圏の人口減少問題。少子化の進行で地方自治体の消滅や人の住まない無人地域が全国的にジワジワと広がっていくという問題だ。地方は日本の伝統文化や価値観や風習の多くを産み出してきたマザーランドである。無人化エリアの拡大や自治体の消滅は日本固有の文化や価値観の喪失につながりかねない。

3つ目は子どもと生き甲斐についての問題だ。いつの時代でも親にとって子どもは宝。生きる目的になったり、懸命に働く動機になったりする。子どもの数が減れば、親の気持ちを持った大人も減ってしまう。その社会的影響は過小評価すべきでない。愛する子どものためなら辛い仕事も耐えられる。疲れた身体にムチ打ってでも家事に打ち込める。

さらに子育ては、子どもの養育というプロセスを通じて親をも人間的に成長させる。こういった親心というものもどうなるのか、その行方も心配になる。

わが国で少子化が進んだ背景には、子どもはひとりだけという夫婦が増えたことに加えて、適齢期になっても結婚しない成人や結婚しても子どもをつくらない夫婦が増えたという側面もある。たとえば25～29歳の男女について、１９５０年と２０１０年の未婚率を比べると、男は34・３パーセントが71・８パーセントにまで上昇し、女は15・２パーセントが60・３パーセントにまで上昇した。また、成人男子の生涯未婚率も１９８５年までの４パーセント未満が、２０１０年には20パーセントに上昇し、２０４０年には30パーセント台後半にまで上昇するという。これは大人たちのなかで自分の子孫を残し、子どものために懸命に働き、生きようとする者の数と割合が減ることを意味している。

このままでは「いい人の国」という社会環境の維持や継承もできなくなる。なんとかしなくてはならない。

## 増える老人、減り続ける現役

21世紀の日本社会について語るとき、避けて通れないのが人口高齢化の問題だ。総人口に占める65歳以上人口の割合が高くなること、および絶対数としての65歳以上人口が増加することにともなう問題である。

国立社会保障・人口問題研究所（以下、社人研という）の予測によると、65歳以上人口が総人口に占める割合は、２０１０年の23パーセントが50年後の２０６０年には40パーセントになり、老年人口は２０１０年の２９００万人が２０４０年代末には３９００万人弱まで増加する。ただし高齢者率40パーセントという状況はあくまで全国統計の話で、市区町村別にみると、すでに多くの自治体がそのレベルに到達している。いずれにせよ、21世紀の日本の特徴をひと言でいえば「世界で初めて、人類が未経験の超高齢社会に移行した国」ということになるだろう。

ところでわが国における人口の高齢化は、実にさまざまな問題を引き起こす。社会の活力やスピードや効率や生産性等が低下していくし、個人的にも世代的にも現役世代の負担はますます重くなる。独居老人や生活困窮老人の急増という問題もあれば、東京など大都市圏では福祉施設や医療施設の絶対的不足が起きる。

私が注目するのは、超高齢化社会への移行が現役世代、すなわち15~64歳の生産年齢人口の急速な減少と同時並行で進行するという点だ。

やはり社人研の中位推計によれば、2010年に8100万人もいた生産年齢人口は、2030年には6800万人弱に、そして2060年には4400万人にまで減少する。今後50年間で3700万人も減ってしまう。

高齢者が増えるだけでも現役世代の負担は重くなるのに、さらに現役世代の人口が減れば、彼らの負担は一層重くなる。1人の65歳以上高齢者を何人の現役世代で支えるのかという時系列データがある。1960年には1人の高齢者をなんと11・2人の現役世代が支えていた。それが50年後の2010年には2・8人にまで激減した。さらに2060年には1・3人にまで減少してしまうとの見通しだ。1人の高齢者をほぼ1人の現役世代が支えるという構図である。

今後の現役世代や日本社会ははたしてその重い負担に耐えられるのか。無理かもしれない。よって現実の社会では、介護や医療や生活保護などの福祉サービスを満足に受けられない高齢者が数百万人単位で発生する可能性が少なからずありそうだ。

とくに身寄りのない貧しい独居老人や病弱老人が放置され、置き去りにされるのではないだろうか。

そうなれば、日本の社会環境は確実に悪化し、「いい人の国」という社会環境にも悪影響を与えるだろう。

また、現役人口の大幅な減少は、労働力人口の深刻な不足を招き、経済の成長を抑制する。政府や経済界は海外からの移民や出稼ぎ労働者の大量受け入れで労働力不足をカバーしようとするだろうが、それは日本が熟成してきた社会環境を根底から変えてしまう可能性がある。慎重にすすめるべきだ。

## 地方から街と住民が消えていく

21世紀のわが国は、２００８年頃を境として長期の人口減少モードに移行した。この人口減少の程度やスピードは地域により大きく異なる。社人研は２０４０年までの将来人口の予測を都道府県別および市区町村別でも行っている。その予測結果をみてみる。

まず全国の２０４０年人口だが、中位推計で1億７００万人。２０１０年の1億２８００万人と比べると、実数で２１００万人、率で16・２パーセントの減少となるが、1億人はキープしているのでものすごく減るという印象はあまりない。

そこで同じ時系列比較を都道府県別でみる。２０１０年から30年間の人口減少がもっとも大きいのは秋田県。なんと35パーセントも減少する。青森、岩手、和歌山、鳥取、徳島、高知の6県も30パーセント前後の減少となる。全国値だけみているのとはだいぶ印象が変わってくる。

こうした印象は市区町村別の予測値をみるとさらに強まる。全国の１６８３市区町村（福島県を除く）のうち４０９の市区町村は２０１０年からの30年間で人口が30パーセント台の減少、３８５の市区町村は40パーセント台の減少、１０６の市町村は50パーセント以上の減少となる。人口減少がとくに大きいと予測されるのは、北海道の夕張市、歌志内市、三笠市、福島町、上砂川町、群馬県の神流町、徳島県の神山町、高知県の室戸市など。なんと60パーセント以上の減少となる。

一方、東京都や横浜市などは今後30年間の減少率が10パーセント未満で、川崎市に至っては逆に３・５パーセント増加する。東京都内の中央区、港区、新宿区、江東区、練馬区、三鷹市、東村山市なども人口増加の予測だ。ただし東京都や川崎市で増えるのは若年人口や壮年人口とはかぎらない。

以上からも明らかなように、将来人口については、全国統計だけをみていたのでは地域や市区町村の様子がまったくわからない。

ところで、産業界や学界の有識者らで組織された「日本創成会議・人口減少問題検討分科会」（座長・増田寛也元総務相）が行った分析や予測によると、今後も地方圏から大都市圏への人口移動が収束しない場合、２０１０年からの30年間で「25～39歳の女性人口」が5割以下に減少する全国の８９６の自治体は、いずれ自治体消滅の可能性があるという。さらに、このうち２０４０年時点の人口が１万人を切る５２３市町村は、消滅の可能性がとくに高いという。また国土交通省の予測では、２０５０年に日本国内で人のまったく住まない無人地域が今より2割近く広がって、国土の約6割におよぶ可能性もあるという。

本書のテーマである「いい人たち」を生み出してきた地域には、まさにこうしたいずれ消滅する可能性のある自治体が多いのではないだろうか。人口の減少や無人化による地方の衰退は、「いい人の国」そのものの衰退をも招きかねない。対策は喫緊の課題である。

## 本格的な多民族国家への移行懸念

アジアなど海外からの移民や出稼ぎ労働者の受け入れは、21世紀の日本にとって、まさにシーザーがルビコン川を渡るような歴史的な選択であり決断となる。なにしろ日本がこれまでに受け入れてきたのは中国、朝鮮半島からの渡来人やわずかな移民ぐらいであったからだ。事実上、日本は移民に関しては鎖国状態であったといえる。しかし移民などの受け入れは、いまややるかやらぬかではなく、いつからどれだけの規模でやるかの問題となった。

２０１５年の2月、内閣府は大胆な政策で出生率の大幅な引き上げを実現するとともに、今後22世紀初頭までほぼ1世紀にわたり毎年20万人の移民を海外から受け入れれば、今世紀中の国内人口は1億人超えが維持され、２１００年には1億１４００万人まで回復するとの試算結果を公表した。政府の中枢部には、日本の人口が1億人割れとなることを何としても避けたいと考える人たちがいるようだ。

ところで日本人口のピークは、２００８年の1億２８００万人。２０１５年現在でもほぼそれに近い数の人間がほぼ38万平方キロメートルの国土に住んでいる。一方、現在世界最大の人口大国は中国で、人口は13億６０００万人である。もし中国全土に日本並みの人口密度で人が住んだとしたら、中国の人口は実に32億人にもなる。38万平方キロメートルの国土に1億２８００万人が住むという日本の人口密度は、まさにそういう過密なレベルなのだ。

さらに国連は、21世紀の後半に世界人口が１００億人を超えると予測している。多くの学者が地球の扶養人口は80億人台といってきたから、21世紀の後半に地球人口は扶養限界を超える可能性が大だ。そうなると世界は水や食料を巡って、国家間、民族間、部族間などで激しい争奪戦が起きるかもしれない。にもかかわらず、日本政府はなぜ人口1億人以上にこだわるのか。38万平方キロメートルという国土面積を考慮すると、人口は６０００～８０００万人くらいでも良いではないかと思えてくる。

政府がこだわるのは、総人口1億人割れが生産年齢人口の大幅な減少を意味し、労働力人口の深刻な不足を招き、マクロ経済を収縮させ、所得水準を低下させ、経済大国としての地位を失わせるからだろう。21世紀の日本は超高齢社会の到来で高齢者の医療や福祉にものすごくお金がかかる。少子化対策にも、大規模地震対策にも、耐用年数の過ぎた社会資本の更新にも、国防などの安全保障にも莫大なお金がかかる。こうした資金需要や財政需要をまかなうには一定の経済成長が不可欠で、そのために必要な労働力人口から逆算すると1億人以上の総人口が必要との考えなのだろう。

しかし数千万人にもおよぶ大量移民の受け入れを100年足らずで実施すれば、経済成長と引き換えに、日本社会が失うものも少なくないはずだ。日本が本格的な多民族国家となったとき、「いい人の国」という社会環境はあきらめざるを得ないだろう。それで良いのか。

## 3 「いい人の国」を維持するために

### 大胆な政治決断で出生率をアップ

21世紀の日本にとって、少子化対策、とりわけ合計特殊出生率の引き上げは喫緊のそして最重要な政策課題だ。これは前述したように「いい人の国」という社会環境の維持や継承という面からも必要な課題である。随分前から、政府は内閣に少子化担当大臣を置くなどして、この課題の解決に取り組んできたが、思ったほどの成果や効果は上がっていない。

はたして、わが国は少子化傾向に歯止めをかけることができるのか。そして今後長期にわたり続くと懸念される人口の減少を、なんとか今世紀の後半には増加傾向へと転ずることができるのか。私は政府が本気でやればかならずできると思う。

ところでわが国ではなぜ出生率の低迷が続くのだろう。まずその原因を考察してみる。当然原因はひとつではない。晩婚化が進んだせいもあるだろう。若者が自分たちの将来に夢や希望を持てなくなったという理由もあるだろう。保育所の不足も原因のひとつかもしれない。でも一番の原因は、収入や所得などの経済的な理由ではないだろうか。

振り返ってみると、この20年間くらい、企業は若い世代の賃金や給与や処遇を徹底的に冷遇してきた。事実、失われた20年間、企業は新卒社員の初任給をほぼ据え置いた。

１９９３年と２０１３年の新卒の初任給を比較してみる。大卒男子は１９９３年の19万３００円が２０１３年に20万２００円に、高卒男子は15万６００円が15万８９００円に、大卒女子は18万２０００円が19万５０００円に、高卒女子は14万２０００円が15万１０００円になった。

大卒男子の初任給は20年間でわずか1万円、高卒女子は9000円しか増えていない。1年間ではない、20年間でだ。高度成長期なら3〜4年で増えた額だ。しかも入社後の昇給も厳しく圧縮したから、20代の勤労者の収入や所得は伸びがぐっと落ちた。さらに多くの企業がより賃金の安い派遣社員や契約社員などの採用を増やしたが、そうした非正規雇用社員の中心も若者だった。

若者に対するこうした冷遇が、業種や規模を問わず大半の企業や団体でほぼ横並びに行われた結果、若者は経済的に追い詰められ、ゆとりを失った。

独身貴族という言葉は死語となり、20代で親元から自立することさえ困難となった。必然的に簡単に結婚もできず、するにしても晩婚になりがちで、共働きは必須条件、子どもはせいぜいひとりという夫婦が増えた。この経済的な問題を改善しないかぎり、保育所の増設などだけでは出生率問題を根本的に解決することはできないと思う。政治家も経営者も、若者の貧乏化や困窮化に対してあまりに無関心で鈍感過ぎた。最近日本の経済や社会に活力がないのは高齢化社会のせいだけではない。政府は若者の経済問題にもっと切り込むべきだ。

というわけで、私の考える方策は経済的援助策だ。たとえば日本人の女性が国内で日本人男性との間に子どもを産んだ場合、子ども一人につき毎月10万円を子どもが18歳になるまで、国や自治体から手当として母親に支払うのである。もし子どもが3人できれば、上の子が18歳になるまで毎月30万円、年間

360万円が国や自治体からその女性に支払われる。ポイントは思いきった額を支給すること。ケチケチした額では効果がない。

この種のお金の支給額を、地域によって変えるというやり方もある。たとえば、人口の減少や流出が深刻な地方圏の住民には満額の子ども一人当たり10万円を支給するが、東京など大都市圏は支給額を5万円に抑えるといったやり方だ。地方創生の目的のひとつは、地方の人口減少に歯止めをかけることでもあるはずだから。

財源問題を含めて、まさに政治が判断・決断すべきマターである。

このくらい思い切ったことをやれば出生率はかならず上がる。また、そうして出生率が上がり子どもの数が増えていけば、国民は国の将来に対して明るい展望を持ちはじめ、わが国に対する諸外国の見方も変わるだろう。

この施策は高額な児童手当ともいえるが、2人以上の子どもを育てている場合、金額的にも効用的にも受給者限定のベーシックインカムに似た制度ともいえる。未来先取り型の施策としてもやってみる価値はあると思う。

## 75歳までは現役で働く

総人口の問題もさることながら、一貫して減り続ける生産年齢人口や逆に増え続ける老年人口への対処も喫緊の課題である。生産活動や社会的活動の主役であり、消費行動や投資行動の主役でもある現役世代が減る一方で、現役を退き消費や投資の面で消極的な姿勢になりがちな引退世代が増えることで引き起こされる問題への対応だ。

こうした問題に対して、欧州各国が採ってきた方法は旧植民地などからの移民や出稼ぎ労働者の受け入れだ。しかしわが国において、十分な準備も経験もないままに海外から大量の移民や労働者を受け入れたならば、社会的消化不良を引き起こすのは確実である。よって、経験を積みながら時間をかけて計画的に増やしていくしかない。

とはいっても、この問題に悠長に構えているわけにはいかない。生産年齢人口の減少と老年人口の増加はすぐそこにあるゆゆしき問題であり、早急に解決する必要がある。というわけで、生産年齢人口に関する年齢区分の変更について意見を述べたい。

2015年2月に内閣府が公表した将来人口の試算では、20～74歳を新たな生産年齢人口として使っている。このように生産年齢を15～64歳から20～74歳に変更すると、21世紀の前半では従来に比べて生産年齢人口が毎年約９００万人ほど増加する。

年齢区分の見直しなんて統計上のまやかしで、問題の根本的な解決にはならないとの指摘は当然あるだろう。しかし、該当する世代も世間も74歳までは働いて当然という社会通念が定着し、65歳以上でも戦力となる仕事やサポート機器などが開発されたならば、それは実態を反映した変更になり、問題の解決に役立つはずだ。

たとえば、海外からのインバウンド客対象の観光産業は高い成長と発展が期待される上に、高齢者でも役立つ仕事がありそうなので、政府は積極的に振興すべきだろう。また、現役延長を可能にするためのツールや技術を開発し、高齢な就業者の業務を支えていくことも必要だろう。たとえば、人体に装着される電動アクチュエーターなどを装備したパワーアシストスーツと呼ばれる製品群などの活用もそうだ。労働者はこれらを装着することで、体力、筋力などの衰えをカバーし、生産性を維持できる。

また、最近の再生医療の進歩は非常に目覚ましい。21世紀も半ば近くになれば、ｉＰＳ細胞などの先端医療技術を使った老化の防止や遅行化が実現し、高齢者の体力や筋力や視力などが若返り、癌や糖尿病が治癒して現役復帰する人も増えるのかもしれない。

現役時代なみに元気で働く高齢者が増えれば、海外からの移民への依存度もそれだけ減らすことができて、「いい人の国」という社会環境の維持にもつながるのではないだろうか。

## 移民の受け入れは抑制的・計画的に

21世紀のわが国にとって、海外からの移民や出稼ぎ労働者の受け入れはもはや避けて通れない課題である。移民の受け入れに関して、私は積極賛成論者でも絶対反対論者でもない。まったく受け入れなければ、国も地域も産業もおそらく成り立たなくなるからだ。

思い切った施策で合計特殊出生率を短期間で引き上げることに成功しても、生産年齢人口を20〜74歳人口に変更して現役人口を増やしても、専業主婦の就業率を引き上げて労働力化しても、ロボットや全自動機械の導入や活用をしても、若年労働力や壮年労働力の不足を完全には解消できないだろう。少なくとも21世紀の前半、一時的にそうなる可能性は避けられないと思う。だとすれば、不足分をカバーするためには海外から移民や出稼ぎ労働者を受け入れるしかない。

しかし、そうはいっても領土、領海、領空の守りを担う自衛隊員だとか、海上保安庁の職員だとか、社会の治安維持にあたる警察官などにはネイティブな日本人をあてたい。国や地方自治体などの行政サービス、学校教育などの公的サービス分野の仕事の多くもできるだけネイティブの日本人に任せたい。

これらの分野で日本人の若手人材や壮年人材が優先的に雇用されれば、その分、他の分野での日本人の若年労働力の確保は困難になる。すでに介護、看護、運輸、建設、サービスなどの現場では、深刻な人手不足が起きている。このまま放置すれば、現場の人件費が高騰して、サービス価格の大幅な引き上げも避けられないだろう。現場が回らなくなって破たんする可能性もある。

いずれにせよ、あと20年もすれば、建設、製造、物流、流通、情報サービス、交通、観光、農林水産業などの現場では、海外からの移民や出稼ぎ労働者の活用は当たり前となり、30年後や40年後には日本で生まれた移民2世たちが自衛隊員や警察官や学校の教員などの分野で活躍しているのかもしれない。

とはいえ、内閣府が２０１５年2月に公表した「将来人口の試算」に際して想定したような、今後１００年間にわたり毎年20万人の移民を受け入れるといった策は採るべきでない。海外からの大量の移民の受け入れについて、わが国は経験もノウハウも免疫力もない。いきなり毎年20万人もの移民を受け入れたならば、社会的な消化不良を起こし、大きな混乱や摩擦が頻発するのは間違いないし、移民はいったん受け入れたら、簡単には元に戻せない不可逆的な施策だからだ。

よって移民の受け入れは、時間をかけながら計画的かつ抑制的に行うべきで、最初のうちは毎年数万人程度を受け入れるところからはじめるべきだろう。

それに21世紀も半ば近くになれば、労働力の不足は、ロボット技術などの飛躍的進化により相当程度解決・改善される可能性もありそうだ。

## 政治家が語るべき「希望や明るい未来」

日本にとって20世紀後半は「官僚の時代」であったといえる。官僚の優れた能力と非常な頑張りが、わが国の発展にとって大きな役割をはたしたのである。それに対して21世紀の日本、とりわけ世紀前半のわが国は、間違いなく〝政治家の時代〟になるだろう。なぜか、それは21世紀という時代には、官僚や学者たちでは容易に決断や選択のできない事柄が実に数多くあるからだ。

日本国憲法の改正、少子化問題の早期解消、海外からの移民の受け入れ、道州制の採用、原子力発電の扱い、東南海トラフ等の大規模地震対策、年金や健康保険制度の抜本改革など、政治家が判断し選択し決断しなければならない課題はとても多い。

そしてもうひとつ。まさに政治家でなければはたせない重要な役割と使命がある。それはこの国の未来に対して、国民に希望や明るい見通しを抱かせるということだ。

おそらくほとんどの日本国民は、国や地域や自分や子どもたちの将来に対して、明るい見通しや展望を描けない。官僚や学者に至っては確信的に暗い未来しか描かない。

これをこのまま放置すれば、わが国固有の「いい人の国」という社会環境もじわじわと希薄化し劣化していくだろう。

そうしたなかでも「未来はそこまで暗くはない」という展望や可能性を熱く説き、国民をその気にさせることができる人間がいるとすれば、それは間違いなく政治家だけだ。

優れた政治家の口から語られる力強い展望や見通しこそが、人々に希望と明るい未来を予感させ期待させる。官僚や学者はどれほど優秀であっても、国民の心や気持ちを大きく揺り動かすことはできない。それができるのは政治家だけである。

優れた政治家とは、世のためや人のために何かをしたいという強烈な志を持ち、理屈やデータだけでなく、思いと情熱と言葉でも人々を説得し納得させることのできる人間だ。人々が何を望み、何に喜び、何に勇気づけられるのか、逆にいえば何に怒り、何を恐れ、何に失望するのかを、すなわち人間の本質をより深く知っている人間である。それとともに、政治家にとっての未来とはたんに予測するものではなく、どうありたいかを強く望み、その実現に向けて計画し努力すべきものであることを知っている人間なのだ。

最近の田中角栄論の盛り上がりは、己の強烈な志や実現すべき未来社会などを、国民に確信をもって情熱的に話せる政治家への憧れの反映でもあるのだろう。

日本社会の質を劣化させたり弱体化させることなく、21世紀も引き続き「いい人の国」の社会であり続けるために、政治家のはたす役割はまことに大きい。

## 4 「いい人の国」21世紀の国づくり

### 耐えて凌いで道すじをつける世紀

21世紀の国づくりを考えるうえで、わが国にとってこの100年間をどのような世紀として位置づけ、あるいは意味づけるかはとくに重要なポイントである。

結論的に言えば、日本にとっての21世紀は、さまざまなハンデや逆風に耐えながら、次の22世紀を再び発展と成長の世紀とするための基礎的な条件を整え、道すじをつける、そんな世紀ではないだろうか。

日本にとって、20世紀は発展と成長と飛躍の世紀であったと総括できる。これに対して21世紀は、一転して衰退と低迷もしくは横ばいの世紀となる公算が大だ。その根本的な原因は、20世紀後半から続く少子化に歯止めがかからず、21世紀初頭から国内人口が長期の減少モードに転じて、それが世紀末まで続く可能性があるからだ。

もっとも、21世紀末までの展望に関しては、かならずしも悲観一色とはかぎらない。長期にわたる人口減少は、日本民族の危機として政府に強い問題意識を募らせるから、少子化問題の解消のため、すなわち合計特殊出生率を2・08以上とするために、政府はあらゆる施策を動員するだろう。よって早ければ21世紀の前半には、少子化問題の解消に目処がつき、世紀の後半には国内人口が増加モードへと転換する可能性は十分にあると思う。

こうして出生率が上昇し、国内人口が増加モードに転ずれば、国民は自分たちの未来や国の将来に希望や明るさが持てるようになる。そうなると経済や社会にも活気が出て、その結果、さらに人口が増えるという正の循環がはじまり、国力も回復していくだろう。

わが国は、もっぱら上質な人的資源や人的資本を拠り所として、経済と社会の発展を実現してきた国である。そして20世紀の100年間は、国内人口が4500万人から1億2500万人まで2・5倍も増加したがゆえに、国力は飛躍的に拡大し、経済大国や先進国の地位も手に入れた。

つまり、日本は国内のネイティブ人口さえ増加基調に転ずれば、22世紀にはふたたび「日出ずる国」となる可能性がある。

よってしばらくの間は国内人口の減少が続いても、また経済が落ち込んでも「いい人の国」という社会環境を活かしながら何とかしのぎ、来るべき22世紀に向って経済と社会と人口の正循環に道すじをつけることが、わが国にとっての21世紀の時代的な位置づけや意味なのではないだろうか。

## 目指すのは21世紀型の先進国

共生文明という言葉がある。この言葉自体はかなり以前からメディアに登場しているが、いまだ文明というスケールで具現化されているわけではない。かぎられた小さなエリアや地域社会のなかで、雛形のようなものが芽生えつつあるという段階ではないだろうか。

今は亡き建築家の黒川紀章氏は、著書『新共生の思想』のなかで、共生とはどのような概念なのか、共生関係とはどのような関係なのかについて、次のように述べた。

- 共生とは対立、矛盾を含みつつ競争、緊張の中から生まれる新しい創造的な関係をいう。
- 共生とは、おたがいに対立しながらも、おたがいを必要とし、理解しようとするポジティブな関係をいう。
- 共生とは、いずれの片方だけでは不可能であった新しい創造を可能とする関係をいう。

●共生とは、おたがいの持つ個性や聖域を尊重しつつ、おたがいの共通項を拡げようとする関係である。
●共生とは、与え・与えられる大きな生命系のなかにみずからの存在を位置づけるものである。

ところで21世紀の日本が目指すべき国家像とはいったいどのようなものなのだろう。それは共生文明の先進国ではないかと私は思う。

20世紀後半、先進国はエネルギー資源であれ、鉱物資源であれ、水や食料であれ、資源は有限との認識すら持たずに、大量生産、大量消費、大量廃棄というサイクルを高速回転させることで需要創出を続け、経済を発展成長させ、物質的に豊かな社会を実現した。

しかし、2060年代にも世界人口が100億人を超える可能性があるなかで、人類が依然として20世紀型の物質文明の追求を続けたならば、世界各地で水や食糧やエネルギー資源等を巡る激しい奪い合いが起き、地球環境の深刻な汚染と破壊が進んで、人類を含む生態系全体に壊滅的な危機をもたらす可能性さえある。

したがって日本を含む現在の先進国は、これまでの20世紀型の物質文明から脱皮し、新たな21世紀型の先進文明のモデルを構築しようとしている。

故黒川紀章氏が説いた共生の文明もそうしたもののひとつである。自然と人間、都市と農村、開発と保存、地域性と世界性、伝統と革新、モダンと歴史などの、本来は対立、競争、闘争する要素間における共生関係の構築に重きをおいた文明である。

共生の思想の大きな特徴は、たとえ対立や競争の関係にあるものに対しても征服したり、完全に打ち負かしたりせずに、おたがいの持つ個性や聖域を尊重しつつ、おたがいの共通項を拡げようとする、あるいはおたがいに対立しながらもおたがいを必要とし、理解しようとするポジティブな関係である。

こうした温厚で調和的で思いやりに富み、強欲な勝者独占型の競争を嫌う思想は、わが国ならではの「いい人の国」という社会環境と相性が良いはずだ。日本はずっと昔から共生的な文化や共生的な思想を社会や地域や生活に内包してきた。

よって21世紀の日本は、この「いい人の国」という強みを存分に生かした、日本ならではの共生文明をさらに広範かつ多角的に進化させ、国土のいたるところ、社会のいたるところで具現化して、21世紀の先進国家としてふさわしい国づくりを実践すべきだろう。

## 競争はほどほどにという社会

今から１４００年ほど前に聖徳太子が制定したとされる十七条の憲法。その第一条には「一に曰《い》わく、和を以《も》って貴《とうと》しとなし、忤《さから》うこと無きを宗《むね》とせよ」と書いてある。「和をなによりも大切なものとし、いさかいをおこさぬことを根本としなさい」という意味だ。和を尊び、争いはできるだけ避けようというのが、この当時から日本人の思想であり好ましい社会だったのだ。

また、大半が稲作系の農耕民族の末裔である日本人にとって、収穫物は作物の生産に参加・協力した全員で公平に分けるのが基本原則であり、激しく奪い合うとか、競い合うのは好きではないのである。

高度成長期の日本経済を象徴する「役所主導の護送船団方式による産業振興」「熾烈な競争による共倒れを防ぐための業界談合」、そして「40代半ば頃までは社員間の待遇や給与の差を能力や成果ではなく、年齢や社歴の長さで決める年功序列」などは、いずれも必要以上の過当競争を避け、弱者を置き去りにしないために日本人の知恵と経験が生み出した制度や慣行でもあった。そして、それらは20世紀後半に「国民の大多数を占める、真面目で勤勉ではあるが、特別な才能も才覚もないごく普通の人間が、将来に夢と希望を抱きつつ、コツコツと真面目に働き続けてさえいれば、やがては給与や収入も増えて、結婚もできて、家族や、マイホームも持てて、定年後はそれなりにゆとりのある老後を迎えることができる」という、ある意味で好ましい生態系を重視した社会を実現したのである。

しかし21世紀の初頭、わが国は競争原理主義的な経済社会へと方向転換を行った。そして、20世紀後半とは明らかに異なる生態系の社会へと突き進んだ。それは「自由で規制のない、優勝劣敗・弱肉強食型の完全競争社会こそが望ましい社会」という米国型の競争原理主義的な思想にもとづく経済改革・産業改革であり、「特別な才能や才覚を持たないごく普通の人間が、ただ真面目にコツコツと働き続けるだけでは、もはや豊かにも幸せにもなれない」という社会的生態系の選択でもあった。もし、こうした経済改革や社会改革がこれからも推進されるとすれば、真面目ではあるが特別な才能や能力を持たない大多数の普通人にとっては、かなり厳しい社会となるだろう。

いたるところ「いい人」という日本社会の良さを失わないためには、社会の構成員の大多数を占める、普通の人間が、真面目に働き続ければそれなりに幸せになれる、そして将来に夢や希望が持てる、そんな社会的生態系を今一度構築すべきではないのか。

護送船団方式や業界談合や年功序列のような競争抑制的な制度や慣行を頭から完全否定・絶対否定せずに、少しは残し、巧みに生かすことこそが「いい人の国」を存続させ、日本社会の魅力と活力と健全性を維持する上で有効だと思う。競争もほどほどが良い。

## いい人ばかりではいられない外交官

20世紀の後半、わが国は世界第2位のGDPを誇り、世界最多の外貨準備高、貿易黒字額、対外債権などを有する経済大国となった。また、こうした経済力や米国との親密な同盟関係を背景として外交を展開してきた。

しかし21世紀のわが国では、大幅な人口減少や労働力の不足などによって、国力の根幹をなす経済力が低下していく。したがって、潤沢な資金力や財政力を外交上のカードや武器として使うことはしだいに困難となる。そうしたなかでも国際社会での存在感を維持し、対外的な発言力や影響力を保持し、国益の追求や最大化をはからなければならない。その意味では、21世紀の日本外交は20世紀後半とは比べ物にならない知恵と工夫と努力が必要となる。必然的に外交の最前線で実務を担う外交官に求められる能力、資質、センス、情熱、精神力、体力なども、かつてないほどに高いものとなるに違いないし、人員などの思い切った増強も必要だろう。

また21世紀も半ばになれば、憲法は改正され、米国との同盟関係も双務的で対等なものへと変化している可能性は少なからずある。米国の軍事力も20世紀のような断トツのスーパーパワーではなくなり、米国の同盟国という立場は以前ほどの効力と威光を失うだろう。そうなると、財政上からも自前で強力な軍事力など持てないわが国にとって、独自の外交努力の重要性と必要性は格段に高まるに違いない。

さらに21世紀に入り、外交の範囲や対象は領土や通商などの従来からの二国間型のテーマや問題に加えて、大規模テロ、難民、気候変動、核不拡散、パンデミック、水需要、地球環境、宇宙利用などの多国間や人類全体にとっての問題・課題が急増している。また、内政と外交にまたがる微妙で厄介な問題も増えているし、インターネットなど情報技術の格段の進歩により、地球上のどこかで発生した事態や事象は瞬時のうちに世界に伝わり、その影響も世界同時型になるケースが増えている。

こうしたなかで21世紀の日本の外交官には、ますます広範な視野、多様・多彩な知識や見識、新しい能力やスキルなどが求められるようになるだろう。たとえば複数の省庁間にまたがる問題や課題の激増にともない、外交官にとってコーディネート能力はもっとも重要かつ必須なものとなりつつあるはずだし、ＩＴに関する最新の知識やスキルも不可欠だろう。

まさに21世紀の外交官には「国益追求のための武器を使わない戦争」が待っているといっても過言ではない。しかも、その戦争には是が非でも勝ってもらわなければならない。となれば、外交官にはこれまで以上にタフでシャープな判断力や行動力が要求される。国中「いい人」のわが国にあっても、外交官は必要に応じて、シビヤで、甘さがなく、油断も隙もない〝嫌なやつ〟になってもらわなければならない。そう、目指すべきは世界に冠たる外交強国である。

第Ⅴ章

# 「いい人の国」
# 21世紀の産業振興

この章では、今後のわが国が育成・振興すべき産業を、主に「いい人の国」の21世紀産業という視点から考察した。

産業の選択はふたつの切り口から行った。ひとつは「いい人の国」という日本固有の社会環境の維持や劣化防止に役立つ産業はどれかという切り口から、もうひとつはそうした社会環境を競争上の差別化要素として活かせる産業はどれかという切り口からである。

社会環境の維持や劣化防止に役立つ産業としては、製造業のロボット産業と人工知能産業および農業を取り上げた。また、競争上の差別化要素として生かせる産業としては、海外からのインバウンド客を主ターゲットとする観光産業を取り上げ、それぞれ今後の振興課題や、振興方向などについて私見をまとめた。

一般論としての21世紀のわが国が育成・振興すべき産業となると、もっとさまざまなものがあるだろうが、「いい人の国」の産業という視点から上記の4つを選んだ。

## 1 製造業

### 主役はロボットと人工知能

Ⅳ章の1節で、21世紀のわが国にとって、モノづくり、すなわち製造業は徐々に強みではなくなる産業と書いた。しかし歴史的にも、モノづくりは日本人がもっとも得意とする分野であり仕事である。よって、わが国にとって製造業は今後とも重要産業であることに変わりはなく、時代に合った製品や業種を選びながら強化振興すべきだろう。

ところで、ひと口に製造業といっても、宇宙ロケットのような技術集約度や知識集約度の高い製品から普段着の衣料品のようなコモディティ製品まで、あるいは工作機械などの生産財から雑貨などの消費財にいたるまで、実に多種多様な製品と業種がある。それらのなかで、21世紀の日本が国家戦略として重点的に育成・振興すべき製品あるいは業種とは何か。航空機、宇宙ロケット、スパコン、スマートグリッド関連、燃料電池、高度医療機器、バイオ・医薬、炭素繊維、ロボット、人工知能、ＩｏＴ関連など、実にさまざまなものが頭に浮かぶ。

この判断や選択に際して、考慮すべき点は4つほどあると思う。ひとつ目は今後の日本の経済成長や産業発展への寄与や効果。ふたつ目は将来にわたる需要と市場性。3つ目は世界市場で戦える国際競争力。そして4つ目は地球環境の保護やエネルギー資源節約への効果や寄与である。

さらに以上の4点に加えて、本書のテーマである「いい人の国」という社会環境の維持や劣化防止に役立つかという点などを勘案して、私が選択したのは各種のロボット産業、そしてロボットの能力や効用にも多大な影響を与える人工知能産業である。

今後の主要工業国における製造業は、製品、業種を問わず、生産ラインなどへのロボットや人工知能の導入と活用の積極さが、市場での競争力や生き残りに決定的な影響をおよぼすだろう。さらに製造業のみならず、建設、土木、運輸、流通、サービス、農林水産などの諸産業、そして医療、介護、消防、警察、国防などの公的サービスや社会的サービスの分野でも、ロボットやロボテク製品、人工知能の導入と活用が急速に進むに違いない。それゆえに、21世紀はロボットや人工知能の世界需要や世界市場は巨大なものとなるだろう。

こうしたなかで、日本製のロボットや人工知能の国際競争力は、現状では米国や欧州とほぼ横一線の状況にあるものの、今後の状況に関して楽観はまったく禁物である。

また、わが国では深刻化する労働力不足の緩和や解消という面でも、ロボットや人工知能への期待がひときわ大きくなるだろう。それに、多くの産業分野や社会分野でロボットや人工知能の導入と活用が進めば、海外からの移民や出稼ぎ労働者への依存度も低減でき、「いい人の国」というわが国ならではの社会環境の維持にも少なからず寄与するに違いない。

よって、ロボット関連産業や人口知能産業の育成、強化、振興に官民を挙げて取り組むとともに、ロボットや人工知能の先駆的・先進的な活用や普及を妨げる各種規制などの緩和を推進すべきである。

## 自律型サービスロボットの時代

産業用ロボットの生産および活用に関して、これまでわが国は世界をリードする「ロボット大国」であった。日本ロボット工業会のデータによれば、わが国は２０１４年に約60万台の産業用ロボットを生産し、うち42万台を輸出した。ちなみに世界の産業用ロボット市場で日本メーカーのシェアは断トツのナンバーワンである。

一方、ロボットの導入や活用の状況をみると、２０１４年に世界で稼働中の産業用ロボットは約１４８万台で、うち30万台が日本で稼働している。現状での主な用途は、溶接、塗装、ハンドリング、組み立て、検査など。自動車メーカー、電子部品メーカー、半導体メーカーなどが積極的に活用している。非製造業向けでは、建設、物流、医療、レスキューなどで導入がはじまっているが、台数的にはまだ少ない。これら非製造業分野、公的サービス部門、社会的サービス部門などの現場では、産業用ロボットよりは、高度な認識能力や言語コミュニケーション能力などを有するサービスロボットといわれるタイプが求められるだろう。サービスロボットの範疇には自動運転対応の自動車なども含まれ、後述する汎用人工知能により自律的に動くロボットが主流になると予測される。

サービスロボットに関して、米国では情報産業大手やＥＣ業界大手など非製造業分野の大企業も巨額の資金を投入して開発を進めている。日本企業も一部の情報産業大手やロボット分野のベンチャー企業、大学の研究室などが開発に取り組んでいるが、現状では世界を大きくリードとまではなっていないようだ。今後の積極的な取り組みが望まれる。

２０１３年に経済産業省は、日本のロボット市場の規模を関連製品なども含めて、２０１５年の１・５兆円が２０２５年には5・3兆円に、そして２０３５年には9・7兆円に拡大すると予測したが、少し控えめな感じがする。ちなみに全世界のロボット市場の規模は、ロボットや市場の範囲と定義が異なるために、経産省の予測値と単純比較はできないが、２０１５年時点で日本市場の2倍弱〜2倍強、２０２５年で日本市場の4〜5倍くらいになるのではないか。

産業界などにおけるロボット導入の狙いはさまざまだが、今後のわが国では労働力不足への対応を主たる動機や目的とするケースが一段と増えるだろう。そうなれば、わが国の深刻な労働力不足も、あと20～30年くらい経てば、相当程度緩和される可能性はありそうだ。

ロボットとともに普及しそうなのが、Ⅳ章3節の「75歳までは現役で働く」で簡単に触れたロボットスーツやアシストスーツなどの製品だ。作業者が装着することで筋肉や関節への負担を軽減したり、筋力増幅などを行う。高齢就業者の現役延長のためのツールとしての活用や、重量作物を扱う野菜農家や果樹生産農家などでの活用、負傷者の救出や瓦礫の除去などに当たるレスキュー部隊での活用、介護や医療の現場での活用などが進むものと予想される。

国内の市場規模は、2015年で26億円程度だが、2020年に300億円、2024年に1000億円へと拡大すると予測されており、今後導入や活用分野が広がり、普及が進めば、多方面で高齢者や女性や身障者などの戦力化が一段と進むだろう。

## 人口知能を征する者が世界の産業を支配

人工知能の目覚ましい進歩はわれわれの想像をはるかに超える。いまや囲碁の世界的な棋士との試合に勝ち、大学入試のセンター試験問題に80パーセント正答する。自動車の自動運転は、すでにほぼ実用化のレベルにあるが、人工知能とセンサー技術の進歩の成果だ。さらに今世紀半ばには、技術進化の過程で、全人類の知的能力の総和に匹敵する人工知能が出現する段階、すなわち技術的特異点＝シンギュラリティが訪れる可能性もあるという。

ところで人工知能とは何か。いろいろな定義がある。最大公約数的にいうと学習・推論・判断といった人間の知能の持つ機能を備えたコンピュータシステムである。つまり人間が使う自然言語を理解したり、論理的な推論を行ったり、経験から学習して応用するなどの知的で発展的な作業をコンピュータ上で実現する技術やプログラムということだ。ＩＴ産業の成果物ともいえるが、プログラムを走らせるコンピュータとセットで人工知能として機能することや、そうしたプログラムを回路としてつくり込んだ半導体チップの開発も進められていることなどから、製造業の製品ともいえる。

現在、実用化ないしは製品化されている人工知能は、いずれも特定の目的に特化した専用人工知能もしくは特化型人工知能と呼ばれるものだ。これに対して、人間の知的能力の特色である「汎用的な能力」を有する人工知能を汎用人工知能といい、世界中で熾烈な開発競争が行われている。このタイプが今後の主流になる。

産業用ロボットが主に製造現場の人件費削減や生産性向上、あるいは危険作業からの人間の排除などを目的として導入されているのに対して、人工知能は今後、非製造業や社会的サービス分野などで導入・

活用が進むサービスロボットの頭脳部分としての利用とか、企業の本社部門やR＆D部門の生産性向上とか、人材や人手不足の解消などを目的に導入が進むと予測される。

ところで欧米では今後、産業分野などに汎用人工知能の導入・活用が進むと、そのせいで職や仕事を奪われる「技術的失業者」の急増が懸念されている。２０１３年にオックスフォード大学のマイケルオズボーン准教授とカールフレイ博士は「米国に現存する職種約６００のうち47パーセントが今後20年以内に人工知能に職を奪われる可能性がある」との研究結果を発表した。わが国でも野村総研が同様の方法で約６００種の職種について調査分析し、やはり「今後20年以内に49パーセントの職が人工知能に置き換わる可能性がある」との結果を発表した。ただし、21世紀の日本は米国とは異なり、深刻な労働力不足となるために、人口知能による技術的失業と、少子高齢化等による労働力不足とが、ある程度相殺的に作用し、米国ほど激しい技術的失業は発生しない可能性がある。また、人間とロボットや、人間と人工知能が無理なく共生する社会をいち早く実現できる国があるとすれば、それはきっと日本だろう。

いずれにせよ21世紀は、人工知能を征する者が世界の産業や社会を支配するようになる可能性が十分にある。

よってわが国も官民を挙げて世界のスタンダードとなるような人工知能技術の開発や、人間と人工知能が共生する社会の実現を目指すべきだろう。

## 2 観光産業

### インバウンド観光産業は特に有望産業

21世紀の到来とともに、まずは韓国や中国など東アジアの国々で、ついで東南アジアの国々で、中流階級が家族単位で大挙して海外旅行に出かける時代が到来しつつある。さらに長期的には、インドなど南アジアの国々の所得水準もいずれそうしたレベルになると予測される。

つまり、21世紀前半における海外から日本へのインバウンドの観光客数は、非常に高い伸びとなる可能性が大だ。おまけにこうしたインバウンド型の観光産業は、次の項でも述べるような「国中いたるところいい人」に象徴される日本社会の特徴を強みとして十分に生かせる。

よってこのタイプの観光産業を今後の戦略産業のひとつとして位置付け、関連する制度やインフラの整備、ホテル等の建設促進、その他の振興策などをさらに講じるべきである。

イメージや先入観とは違って、観光産業の付加価値率は自動車産業やエレクトロニクス産業などよりも高い。すなわち売上高や収入が同じなら、従業員の雇用などを通じて地元に落ちるお金が自動車産業やエレクトロニクス産業などよりも大きいのだ。エコノミストの藻谷浩介氏は著書『デフレの正体』のなかで、観光産業は収入が1兆円あれば、そのうち５０００億円が付加価値額となり、９万人の雇用と８５０億円の税収を生み出すと指摘した。

２０１３年の日本への訪問外国人は１０３６万人で、初めて１０００万人を超えた。そして翌２０１４年にはこれが１４４０万人に増加し、２０１５年はさらに５００万人以上増えて１９７３万人とほぼ２０００万人にまでになった。

自民党安倍政権の誕生とそれを契機とした金融政策の変更などにより、円／ドルレートはピーク時より大幅に円安となったが、今後も１ドル＝１００～１１０円程度のレートが維持できれば、それだけでも海外からの観光客数を今以上に増やせるはずだ。

さらに適切なビジョンと目標、戦略と施策に基づき、官民一体で努力すれば、遅くも20～30年後には海外からのインバウンドの観光客数を４０００万人以上の水準まで増やすことは可能だと思う。

そして２０２０年には東京オリンピックが開催される予定である。海外からの観光客に日本の自然や文化や社会の魅力を直に感じてもらう絶好の機会となり、観光立国への弾みがつくだろう。

## 「いい人の国」は観光の強い魅力になる

あらためて観光地としての日本の魅力を確認してみよう。

観光地としてのわが国は、美しく優しい自然、異なる表情を持つ４つの季節、歴史とモダン、伝統と革新、和と洋、スピーディとスロー、ハイテクとローテク、都市と田園などが不思議な秩序で共生する都市景観、見た目も味も上質な料理、伝統系もオタク系もある文化、全国いたる所に散在する癒しの温泉など、多種、多様、多彩な観光資源に恵まれている。

さらに加えて、世界のどこの観光地と比べても優位な魅力というか強みがある。観光産業の前線で働く人たちはいうにおよばず、全国の都市や町や村などにいる、ごく普通の住民や店員や運転手らが総じて親切で、正直で、礼儀正しく、仕事熱心で、おもてなしの心に溢れている点だ。また大都市でも街は安全で清潔で治安が良く、犯罪などに巻き込まれるリスクも低いから、観光客はリラックスして旅を楽しめる。

だとすれば、日本が目指すべきはショッピングや物見遊山のみならず、静養や癒しのために繰り返し訪れるリピート型や滞在型の観光地としてのポジションと定評だろう。

自然に癒され、里山などの景観に癒され、料理に癒され、温泉に癒され、そして人々の優しさや気配りに癒される。それゆえに、なんとも居心地が良くて長居したくなるし、何度も訪れたくなる。目指すべきはそんな観光地ではないだろうか。

ところで、わが国が本格的な観光立国を目指すならば、病気治療や検査・検診、美容整形などを受けるために海外からやってくる人たちを対象とした、メディカルツーリズムも広義の観光関連サービス事業として積極的に振興すべきだろう。

海外から検診や検査のためにやってきた人々が、ついでに観光地や温泉を訪れるという展開は大いに考えられる。

わが国はＭＲＩやＣＴの人口１００万人当たり台数が世界のトップ水準である。こうした高度な医療機器を使った検査や診断が簡単に受けられることは、日本の医療環境に関する優位性であり魅力となろう。また、現在世界で使用中の胃カメラの30パーセントが日本にあるといわれ、内視鏡による検査や手術に精通した医者が多い点でもわが国は世界有数とされる。

さらに親切で、優しくて、きめ細かで、清潔好きな人間が多い日本人の国民性は、医療や介護などのヒューマンサービスの分野でとくに強みを発揮するから、優れた医療技術や看護技術などと相まってメディカルツーリズムの有力な受け皿国となる条件は揃っている。

すでに裕福な中国人にとって、日本はメディカルツーリズムの手軽な行先として人気が高まっており、今後の発展・成長の可能性は十分にありそうだ

## 150年前の江戸も参考に

わが国が国際的な観光立国を目指すなら、首都東京はとりわけ魅力的な都市でなければならない。なぜなら、東京は海外から日本にやってくる観光客の大半が最初に訪れ、そして体験する日本であるからだ。そんな東京が将来的に目指すべき都市像を考える上で参考になる都市がわれわれの身近にある。それは150年前の江戸である。

幕末に日本を訪れたフランス人貴族のボーヴォワールは、あるとき王子（現在の東京北区）を訪れる機会を得た。当時の王子は、江戸郊外の上質な行楽地として多くの欧米人が訪れる場所であった。江戸市内から王子へといたる道のりで彼が目にした景観とその印象は、まさにこの時期の欧米人を虜にした江戸の不思議な魅力の一端を示している。

彼はその道のりを「われわれは次に王子村へ案内された。江戸の市街から田園へと気づかぬうちに移っていき、道路は次第に花咲く藤の下影の小径となった。ついさっき江戸城のお濠を満たしていた水

は、曲がりくねった小川となり、つつじのトンネルの下から流れ出ていた。緑の楽園のただなかの、この蛇行する川ほど愛すべきものはない。ああ、日本の何と美しくのどかなことか」と紹介した。

また、エルギン卿使節団の随員であったオリファントも、江戸滞在中に王子村を訪れた。滞在記のなかで江戸市内から王子へのルートについて彼は「(江戸の) 町から遠ざかるにつれて家はいっそうまばらになったが、田園はいっこうに文明の様子を失わないことに深い印象を覚えた」と記述している。

ボーヴォワールやオリファントは、江戸の郊外である王子村やそこにいたるルート上の地域がまぎれもなく田園地帯であるにもかかわらず、純農村地帯の田舎とは違う、ある種都会的な空気や気配が漂っていることに気づいたのである。

幕末から明治にかけてわが国を訪れた数百人にのぼる欧米人の滞在記を読み込み、鋭い考察と分析を加えた『逝きし世の面影』の著者渡辺京二氏は、欧米人が驚嘆し、感動し、虜になった江戸の魅力やユニークさについて、次のように分析・考察している。

「江戸の独自性は都市が田園によって浸透されていることにあった。だからこそ欧米人達は江戸と郊外の境目がわからなかったのである。都市はそれと気づかぬうちに田園に移調していっているのだ。しかも重要なのはそのように内包され、あるいはなだらかに移調する田園が、決して農村ではなく、あくまで都市のトーンを保っていたという事実だ。つまり江戸は決して『大きな村』なのではなかった。それはあくまでもユニークな田園都市だった。田園化された都市であると同時に、都市化された田園だった。これは当時、少なくとも、ヨーロッパにも、中国にも、或いはイスラム圏にも存在しない独特な都市のコンセプトだった。このような特異な都市の在り方こそ、当時の日本が世界に対して個性あるメッセージを発信する能力を持つ一個の文明を築き上げていたことの証明なのだった」と。

渡辺氏がいう独特のコンセプトを持った都市とは、私の言葉でいえば、都市と農村、都会と田園、原生自然と文明社会というような、本来は対立的であるはずのものを、共生的な関係で成立させた都市ということになる。渡辺氏のいう「一個の文明」にはまぎれもなくこの共生的文明という側面があったように思う。

そしてもうひとつ。150年前の江戸は、訪れた欧米人が驚嘆し、感動するほどに街の治安が良く、しかも礼儀正しくて愛想の良い「いい人たち」が大勢いる魅力的な都市だった。

もちろん、150年前の江戸と現在の東京では、時代も都市の規模も機能もまったく異なるから、単純にまねをすれば良いというわけではない。

けれども観光大国を目指し、観光都市としての東京の魅力をつくり込んでいく上では、参考になる点は少なからずあると思う。

## 日本観光で中国人民を親日化

中国人民の対日イメージや対日感情は総じて良くない。それは１９８０年代の江沢民主席の時代からはじまった度重なる反日教育やテレビで第二次大戦中の抗日ドラマが頻繁に放映されているからだろうか。そのため、日本人の残虐性や変態的で悪質なイメージが国民の意識に刷り込まれているのかもしれない。さらに２０１３年３月、習近平氏が国家主席に就任してからは、中国が第二次大戦の戦勝国で国連安保理の常任理事国である点がことさらに強調され、日本は無条件降伏した敗戦国なのに本来中国領土である尖閣列島を不当占拠しているとのプロパガンダが執拗になされた。こうした点も中国人民の対日感を一層悪化させる原因となっているのだろう。

ところが、である。そんな彼らが観光客、ビジネス客として一度でも日本を訪れると、彼らの日本社会や日本人に対する印象や感情や認識はしばしば劇的といっても良いほどに好転する。それは日本の魅力的で多彩な観光資源のせいもあるが、それ以上に、清潔でゴミひとつ落ちていない街並みとか、清澄で悪臭のない大気とか、正確無比な鉄道の運行とか、スリや置き引きのなどの犯罪の少ない平和で安全な都市など、自分たちの想像を超えた社会環境の質の高さに感心するからだろう。とりわけ、日本滞在中に接した日本人の、礼儀正しく、誠実で、親切で、正直で、思いやりがあって、おもてなしの心に溢れた対応や姿勢によって、日本社会や日本人に対する印象や感情がガラリと好転し、一目置くようになるからである。

日本国や日本人に対してネガティブな認識や感情を持つ人が多い中国人だからこそ、それまでのひどい対日感情や対日認識が劇的に変化するのだ。さらに日本旅行から帰った中国の人たちは、帰国後にその体験や印象を周囲の人々に、爆買いした土産物を渡しながら得意げに語るという。それゆえに、日本に観光旅行する中国人が増えれば増えるほど、人民レベルの対日感情や対日認識は軟化し好転していく。政府間の外交関係が多少ぎくしゃくしても、そんな意地の張り合いは早晩意味を失ってしまうのではないだろうか。

20世紀後半の日本にとって、米国との良好な関係は極論すれば国益のすべてであった。しかし21世紀前半の日本にとって、好きか嫌いかは別にして、国益上からも大国化していく中国との関係に目を背けるわけにはいかない。その点でも中国人民による日本観光を促進することは、わが国の対中外交上にもプラス効果があるはずだ。

ただし、金を使う中国人観光客だからといって日本人が卑屈になる必要はまったくない。公共道徳や条例に違反する迷惑行為などがあればしっかりと取り締り、礼儀を欠いた行動にはきちんと指摘することが、中国人のわが国への尊敬と評価を高めることになると思うのだが、いかがだろうか。

## 3 農業

### 21世紀の戦略産業となる農業

21世紀前半の最初の戦略産業がインバウンド型の観光産業だとすれば、それに次いで戦略産業となるのは、農業を中心とした一次産業ではないだろうか。理由を以下に述べる。

第1は、何度も触れたように、21世紀は地球人口の大幅な増加で世界的に食糧需給が逼迫し、各国政府にとって自国民のための食料の調達や確保が切実な課題となる可能性があるからだ。当然、日本でも食料自給率の向上とそのための農業や水産業の振興は、切実な政策課題となるだろう。さらに、地球規模での食料需給の逼迫は、内外の市場における農産物や水産物の相場価格を上昇させ、農業をはじめとする一次産業は投資に見合う高収益な産業になる可能性もある。

第2に、地方創生における産業面の主役は、農業や水産業になると思うからだ。残念ながら地方において、従来からの製造業は主役とはなりえないだろう。なぜなら21世紀の地方圏には、製造業が必要とする良質な若年・壮年労働力がいなくなるし、ロボットや人工知能などの徹底的な活用で製造業は大都市圏でも立地可能な産業となるからだ。かといって情報産業や金融業など典型的な都市型三次産業も主役とはなりえない。

結局、主役として可能性があるのは、インバウンド型の観光産業と、過去からの蓄積があり、関連インフラも整備済みで高齢化社会への適応力もある農業など一次産業なのではないだろうか。逆にいえば、農業の再興や振興なくして、地方の創生は難しいと思う。

第3に、農業は高齢化社会への適応力がある産業であるからだ。この30年間くらいで日本の農業従事者は一段と高齢化したが、そうしたなかで、高齢者でも使いこなせる農業機械の開発などによって、今や農業は高齢者でもそれなりの生産性や成果をあげられる産業となったのではないだろうか。たとえばコメづくり。農業のなかでも高齢化への適応力がおそらくもっとも高い作物だろう。年間の労働時間が900時間と少なく、トラクター、耕耘機、田植機、薬液散布機、草刈機、コンバイン、乾燥機などの多様な農業機械を使いこなすことで、丈夫な人なら80歳代でも従業可能な農作業となっている。

そして第4は、日本社会の「いい人たち」の多くが先祖をたどれば地方の農業や農村の出身者だからだ。その意味で農業、農村はこれからの日本にとっても非常に大切な場所なのではないかと思う。

今後の日本は農業大国にはなれずとも、世界有数の農業先進国にならなれると思う。時間はまだある。政府が本気になればかならず実現できる目標のはずだ。

## 業態の変化が農業を魅力化

「天候に左右されながら、自営業者としての農民が、自分の田畑で手間と暇をかけて作物を生産する」という伝統的な農業の業態や営農形態は、大きく変化するだろう。今後、農業の業態や営農形態は、多様化しつつも主流は製造業と類似のものになっていくのではないか。とくに生育期間の短い葉物野菜や根菜類などは、光も風も温度も水も肥料も人工的に制御する植物工場型プラントでの生産が主流となり、一部の高級野菜や自家用野菜などがビニールハウスや露地で、人手と時間をかけながら従来型の方法で生産されるのだろう。

ちなみに植物工場の立地については、電気・ガス・水道・下水などのユーティリティが完備し、地方都市郊外部の国道や主要地方道に近接して、高速インターや空港などへのアクセス条件も良い、たとえば工場団地や流通団地内の用地などが好ましい。

また、郡部の農村地帯では農業就業人口の大幅な減少や後継者難から、余剰農地や耕作放棄地などが増え続ける。それらの余剰農地を集約化することで、従来の日本にはなかった大規模農場が出現する可能性もありそうだ。こうした大規模農場では、スマート化した最先端の農業機械などの導入により、農作業の合理化、省力化、自働化が一段と進み、作物も遺伝子組み換え技術などで気象条件の変化や病虫害などに強く、収量の多い品種が開発され、非常に生産性の高い農業となる可能性もある。

植物工場型や大規模農場型の農業は、当然、初期投資や更新投資の額が大きくなる。よって経営主体は大企業の子会社や投資ファンドなどが出資して設立する農業法人が主体となり、現場作業員の仕事も、機械装置のオペレーターや工場のラインワーカーのような仕事となるだろう。また、就業形態も一般サラリーマンのように、週休二日制で朝9時から夕方5時までとか2交代制などになり、労働の対価は月給や賞与で受け取り、休日出勤には代休を取ることが普通となるのかもしれない。

こうして21世紀の日本の農業は、しだいに個人が自分の土地を使って自営業者として経営する産業から、農地など持たない、もしかすると農業の経験すらもない人たちが、給与労働者として法人に就職して行う産業という性格を強めるのではないか。

収入の低さや不安定さ、勤務時間の不規則性などが、若い世代の農業への就業や後継を敬遠させる原因のひとつとなってきたことを考えると、農業の業態や就業形態の変化は、就職先や仕事としての農業の魅力を高める可能性はありそうだ。ただし、これらの新業態農業の現場で働く労働者たちの何割かは、海外からの移民や出稼ぎ労働者で占められる可能性もあるだろう。

いずれにしても、農業が産業としての勢いを取り戻し、農村部が活性化することは、「いい人の国」という社会環境の維持や継承に関してもプラス効果は大きいはずだ。

# epilogue

熊本県で大きな地震が起きた。

地震の正式名称は平成28年熊本地震という。

発生は平成28年（2016年）の4月14日21時26分。震源は熊本県熊本地方。地震の規模はマグニチュード6・5で、最大震度は熊本市に隣接する益城町で震度7、熊本市や宇城市で震度6弱を観測した。さらに2日後の4月16日午前1時25分、今度はマグニチュード7・3で、益城町と西原村で最大震度7の地震が発生し、大分県の由布町や別府市でも震度6弱の揺れを観測した。

一連の地震による被害は、人的な被害が4月28日現在で死者が49名、行方不明が1名、負傷者が1496名で、住宅の被害は全壊が2487棟、半壊が3483棟、一部破損が22855棟にのぼった。また、電気や水道などのライフラインが一時的にダウンしたほか、道路や鉄道が随所で寸断され不通となった。

鉄道の不通や道路損壊が多かったために、被災地では食料の不足が深刻となり、避難所で大人が一日にオニギリ2個とか、配給所で何時間も並んでバナナ1本といったケースもあったようだが、それで暴れたり騒いだりした人はほとんどいなかったという。

また、被災地は各地で断水や濁り水となり、熊本市の水道局には水を求めて多数の市民が押し寄せ、数百メートルの行列となったが、やはりみな静かに並んで給水を受けたという。そして東京銀座の熊本県の物産館には、少しでも被災地の助けになればと、県の産品を買うために普段の何倍ものお客が訪れ、溢れた人で店の外にまで行列ができた。

こうした様子を見るにつけ、あらためて日本はなんと「いい人」の多い国なのだと思うのだが、残念だったのは、被災地において住民が避難して無人となった住宅や倒壊住宅を狙った空き巣や窃盗などの犯罪が意外に多かったことだ。

平時でも、空き巣や窃盗は決してやってはならない犯罪行為だが、大地震の発生をチャンスとばかりに、そんなことをする日本人がいることに腹が立つし、悲しいし、情けなくもなる。

今から1700年も前の『魏志倭人伝』の時代。すでに日本人は盗みを忌み嫌う民族として中国に知られていたし、400年以上前の16世紀に欧州からきた宣教師たちも「日本人は盗みをひどく嫌う誇り高き人々だ」と感嘆した。そして150年前の19世紀半ば、開国間もないわが国を訪れた欧米人たちは、盗みのない、正直者の多い社会に驚き、感心した。

その末裔である現代の日本人の国民性は変わってしまったのだろうか。悪事や違法行為に鈍感になり、正義感や誇りが希薄化してしまったのだろうか。

そうではないと思いたい。

いずれにしても、日本人としていかなるときも「これだけはしてはいけないこと」とか、逆に「しなければいけないこと」などを、家でも、学校でも、コミュニティでも、子どもたちに繰り返し教え込み、「誰も見ていなくても悪いことをしない」、そして「誰も見ていなくても正しいことをする」日本人を育て続けなければならない。

たとえ21世紀のわが国が経済大国としての地位を失おうとも、また今よりも貧しい国や社会になろうとも、この一線だけは守りたい。

なぜなら、このような国民性や精神文化は、日本民族がはるか昔から継承してきたものだし、社会のいたるところにそういう意識やモラルを持つ人たちが大勢いることは、日本が世界に対して胸を張って誇れる魅力や強みだと思うからだ。

その意味で、「国中いたるところいい人」という社会の維持は日本にとって国づくりの基本思想とすべきかもしれない。

最後に、本書を書くことでたどり着いた私なりの結論を紹介して筆をおきたい。

21世紀の日本社会における主要課題の多くは、突き詰めていくと結局のところ少子化問題に行き着くように感じる。その解消なくして、日本国の発展も「いい人の国」という社会の存続も困難だろう。ゆえにわが国にとって、何を差し置いても取り組むべき優先課題とは、少子化問題の解消ではないかと思う。

以上

本書が、読者の知的好奇心を刺激し、日本社会の魅力や強みなどを考えるきっかけとなれば幸いである。また、本書の出版に際して、文章の校正などに尽力をいただいた東方通信社の古川猛社長、そして編集担当の花澤治子さんに心から感謝をしたい。

# 参考文献

『世界が感嘆する日本人』　編：別冊宝島編集部（株式会社　宝島社）
『前へ！東日本大震災と戦った無名戦士たちの記録』　著：麻生幾（株式会社　新潮社）
『カウントダウン・メルトダウン（上、下）』　著：船橋洋一（株式会社　文藝春秋）
『即動必遂』　著：火箱芳文（株式会社　マネジメント社）
『日本の君主制』　著：葦津珍彦（有限会社　葦津事務所）
『菊と刀』　著：ルース・ベネディクト、訳：長谷川松治（株式会社　講談社）
『日本の強さの秘密』　著：ベン・アミー・シロニー、訳：青木偉作・上野正（株式会社　日新報道）
『定刻発車』　著：三戸祐子（株式会社　新潮社）
『とてつもない日本』　著：麻生太郎（株式会社　新潮社）

『逝きし世の面影』　著：渡辺京二（株式会社 平凡社）
『海の祭礼』　著：吉村昭（株式会社 文藝春秋）
『ペリー提督日本遠征記』　著：マシュー・ペリー、訳：宮崎壽子（株式会社 ＫＡＤＯＫＡＷＡ）
『日本滞在記（上、中、下）』　著：タウンゼント・ハリス、訳：坂田精一（株式会社 岩波書店）
『大君の都（上、中、下）』　著：ラザフォード・オールコック、訳：山口光朔（株式会社 岩波書店）
『アーノルド・ヤポニカ』　著：サー・Ｅ・アーノルド、訳：岡部昌幸（株式会社 雄松堂出版）
『長崎海軍伝習所の日々』　著：ファン・カッテンディーケ、訳：水田信利（株式会社 平凡社）
『エルギン卿遣日使節録』　著：ローレンス・オリファント、訳：岡田章雄（株式会社 雄松堂書店）
『絵で見る幕末日本』　著：エメ・アンベール、訳：茂森唯士（株式会社 講談社）
『ジャポン１８６７』　著：リュドビック・ド・ボーヴォワール、訳：綾部友治郎（株式会社 有隣堂）
『日本事物誌１・２』　著：バジル・Ｈ・チェンバレン、訳：高梨健吉（株式会社 平凡社）
『日本その日その日（1・2・3）』　著：エドワード・シルベスター・モース、訳：石川欣一（株式会社 平凡社）
『１８７６ボンジュールかながわ』　著：エミール・ギメ、訳：青木啓輔（株式会社 有隣堂）
『イザベラ・バードの日本紀行（上、下）』　著：イザベラ・バード、訳：時岡敬子（株式会社 講談社）
『回想の明治維新』　著：メーチニコフ、訳：渡辺雅司（株式会社 岩波書店）
『シュリーマン旅行記 清国・日本』　著：ハインリッヒ・シュリーマン、訳：石井和子（株式会社 講談社）
『江戸幕末滞在記』　著：エドワルド・スエンソン、訳：長島要一（株式会社 講談社）

『オールコックの江戸』　著：佐野真由子（中央公論新社）
『スイス領事の見た幕末日本』　著：ルドルフ・リンダウ、訳：森本英夫（株式会社　新人物往来社）
『オーストリア外交官の明治維新』　著：アレクサンダー・ヒューブナー、訳：市川慎一・松本雅弘（株式会社　新人物往来社）
『ホームズ船長の冒険』　著：ヘンリー・ホームズ、訳：杉山伸也・Hポール・ハチェット（株式会社　有隣堂）
『クロウ内陸日本紀行』　著：アーサー・クロー、訳：岡田章雄・武田万里子（株式会社　雄松堂出版）
『幕末日本探訪記』　著：ロバート・フォーチュン、訳：三宅馨（株式会社　講談社）
『ハリス伝』　著：カール・クロウ、訳：田坂長次郎（株式会社　平凡社）
『ヒュースケン日本日記』　著：ヘンリー・ヒュースケン、訳：青木枝朗（株式会社　岩波書店）
『ベルツの日記』　編：トク・ベルツ、訳：菅沼竜太郎（株式会社　岩波書店）
『シドモア日本紀行』　著：エリザ・R・シドモア、訳：外崎克久（株式会社　講談社）
『日本の開国　エミール・ギメ　あるフランス人の見た明治』　著：尾本圭子、フランシス・マクワン、訳：尾本圭子（株式会社　創元社）
『英国人写真家の見た明治日本』　著：ハーバード・G・ポンティング、訳：長岡祥三（株式会社　講談社）
『ザビエルの見た日本』　著：ピーター・ミルワード、訳：松本たま（株式会社　講談社）
『日本人は何故世界から尊敬され続けるのか』　著：黄文雄（株式会社　徳間書店）
『ヨーロッパ文化と日本文化』　著：ルイス・フロイス、訳：岡田章雄（株式会社　岩波書店）
『江戸参府随行記』　著：C・P・ツュンベリー、訳：高橋文（株式会社　平凡社）
『世界の偉人たちの驚き日本発見記』　著：波田野毅（株式会社　明成社）

『この国のかたち四』　著：司馬遼太郎（株式会社 文藝春秋）

『老舗企業の研究〔改訂新版〕』編・著：横澤利昌（生産性出版）

『千年働いてました』　著：野村進（株式会社 ＫＡＤＯＫＡＷＡ）

『地方消滅』　著：増田寛也（中央公論新社）

『共生の思想』　著：黒川紀章（株式会社 徳間書店）

『２０４５年問題』　著：松田卓也（株式会社 廣済堂出版）

『人類を超えるＡＩは日本から生まれる』　著：松田卓也（株式会社 廣済堂出版）

『ＡＩの衝撃』　著：小林雅一（株式会社 講談社）

『デフレの正体』　著：藻谷浩介（株式会社 角川書店）

## profile

### 臺 一郎（うてな・いちろう）

1946年　東京生まれ

1970年　成蹊大学工学部を卒業し、大手化成品メーカーに入社

1973年　地域開発・都市開発分野を得意とするシンクタンク㈱社会工学研究所（2003年12月清算）に転職。その後22年間にわたり、地域開発、都市開発、街づくり、産業立地などに関する調査研究業務を担当し、主任研究員、研究部長、取締役等を歴任

1995年　シンクタンクを退職し、リサーチャー兼コンサルタントとして独立し、現在に至る

市場調査、立地可能性評価、新製品や新規事業のコンセプトメーク、中堅企業の新規事業コンサルティング等の業務を手掛ける。得意業務は、徹底的に歩き回る現場調査、経営者や専門家へのヒヤリング、街や都市の将来見通しなど。趣味は街歩き（都内や京都市内）、定点観測型タウンウォッチング、旅（国内外）、時事問題でのツイートなど

著書：中島一氏との共著『企画力らくらくトレーニング』（1997年に中央経済社より出版）


今も昔も　いたるところ
いい人の国　日本

２０１６年11月16日　発行

著者　臺一郎
発行者　古川 猛
発行所　東方通信社
発売　ティ・エー・シー企画
印刷・製本　シナノ印刷

Printed in Japan
ISBN978-4-924508-22-4